NAS INSTÂNCIAS DO DISCURSO:
uma permeabilidade de fronteiras

Denize Elena Garcia da Silva
Organizadora

NAS INSTÂNCIAS DO DISCURSO:
uma permeabilidade de fronteiras

EDITORA UnB

OFICINA EDITORIAL
Instituto de Letras - UnB

Equipe Editorial

Rita de Cássia da Silva Pedroso de Albuquerque – *Preparação de originais e editoração eletrônica*

Regina Maria Furquim Freire da Silva e Carmem Cecília Catamari Galvão – *Revisão*

Roberta Elena da Silva Bocchino – *Capa*

Impresso no Brasil

Direitos exclusivos para esta edição:

Editora Universidade de Brasília
SCS, Q. 02, Bloco C, Nº 78, Ed. OK – 2º andar
70300-500 – Brasília-DF
Tel: (61) 3035-4200 – Fax: (61) 3225-5611
www.livrariauniversidade.unb.br – editora@unb.br

Ficha catalográfica elaborada pela Biblioteca Central da Universidade de Brasília

---

N241 Nas instâncias do discurso: uma permeabilidade de fronteiras / Denize Elena Garcia da Silva (Organizadora). – Brasília : Editora Universidade de Brasília : Oficina Editorial do Instituto de Letras, 2005.
204 p.

ISBN 85-230-0836-5

1. Análise de discurso crítica. 2. Lingüística textual. 3. Sociolingüística internacional. I. Silva, Denize Elena Garcia da.

CDU 801

Ao meu Roberto e a cada Paulo
da minha vida

SUMÁRIO

AGRADECIMENTOS

Aos colegas que atenderam à chamada de trabalho para o VI ENIL, brindando-nos não só com a presença, mas sobretudo com a pontualidade na entrega dos artigos, vão os primeiros agradecimentos, pois da resposta concretizada no texto de cada um surgiu este livro.

Além dos colaboradores que assinam os capítulos, três pessoas especiais apoiaram-me durante a fase de organização e montagem: Rita de Cássia encarregou-se da árdua tarefa de formatação e diagramação dos originais, Roberta Elena foi responsável pela parte artística de criação da capa, enquanto Paulo Lindemberg facilitou-me o acesso às ferramentas dos programas de informática, com seu suporte técnico e sua paciência. Os três são meus filhos, razão pela qual meu agradecimento e meu afeto brotam do fundo do coração.

O apoio parcial da Capes e o incentivo do Instituto de Letras da UnB, somados à generosidade da Fundação de Empreendimentos Científicos e Tecnológicos (FINATEC), que não poupou esforços para garantir o sucesso do VI ENIL, representaram o baluarte seguro para as apresentações dos trabalhos de pesquisa, aqui representados nos quinze artigos selecionados.

Entre as pessoas que direta ou indiretamente não mediram esforços para enviar-me apoio incondicional a todo momento, mesmo que de lugares distantes, registro dois nomes: Marcuschi e Benedito. O primeiro, além de colaborador e amigo, é o grande incentivador na escalada dos estudos do discurso. Na sua trilha, segue Benedito Gomes Bezerra, doutorando do Programa de Pós-Graduação em Lingüística da UFPE, o responsável pela tradução do artigo de Jacob Mey. Aos dois, que me sensibilizaram pelos gestos de solidariedade, um agradecimento especial.

Agradeço ainda a todos os colegas e alunos do Programa de Pós-Graduação em Lingüística da Universidade de Brasília que auxiliaram na realização do VI ENIL, de modo especial à Maria Christina Diniz Leal, cuja atuação no trabalho da comissão científica foi de um valor inestimável. Meus agradecimentos também à Lúcia Maria Pinheiro Lobato, pois, mais que significar uma presença marcante no evento, contribuiu efetivamente por meio de ações e de palavras de incentivo. Ambas, que nos privilegiam com lições de vida todos os dias, constituem exemplo de compromisso profissional, dedicação, seriedade e elegância na vida acadêmica.

Por fim, o agradecimento a meu esposo e companheiro pelo altruísmo e pela compreensão diante de determinados momentos da minha vida acadêmico-profissional.

Denize Elena Garcia da Silva

APRESENTAÇÃO

Os textos que balizam este livro constituem a versão escrita de parte dos trabalhos de pesquisa apresentados e discutidos no VI Encontro Nacional de Interação em Linguagem Verbal e Não-Verbal. Debater questões teóricas e aspectos metodológicos pertinentes ao discurso e à gramática significou um dos momentos principais do VI ENIL. Os resultados alcançados representam, de início, uma aproximação ditosa de pesquisadores cujas posições, em lugar de refletir apenas diferentes paradigmas do pensamento lingüístico, revelam o esforço de cada um dentro de suas áreas específicas na busca de caminhos que favoreçam o ensino do vernáculo e garantam a compreensão do uso da língua.

Nas instâncias do discurso: uma permeabilidade de fronteiras compreende cinco partes. A necessidade de uma mudança de perspectiva na relação entre discurso e gramática, acentuada pela preocupação decorrente de questões voltadas para o ensino gramatical, equivale ao fio central que enlaça três artigos reunidos na primeira parte. As reflexões que tomam como objeto de análise textos veiculados na mídia marcam a segunda parte do livro, composta por três estudos, cujos autores dialogam com teorias críticas que enfocam o discurso como prática social. Ao mostrar que a língua é atividade estruturante e constitutiva, três artigos configuram a terceira parte, que envolve questões de natureza semântica e de cunho ideológico plasmadas no discurso literário. Seus autores, além de mostrarem que lingüística e literatura não se excluem, colocam em evidência não só valores políticos, inseridos em contextos sócio-históricos, mas também questões que envolvem gênero social e identidade. Em favor de uma política de representação, diferentes discussões sobre gênero discursivo, fortalecidas pela busca de articulação de diferenças epistemológicas, perpassam os artigos da penúltima parte. Ilustrando ainda a permeabilidade de fronteiras que delimitam as instâncias do discurso, três artigos conformam a parte final. São reflexões de pesquisas que se estendem desde a multiplicidade de posições do sujeito-professor até as facetas que envolvem o comportamento verbal e não-verbal, presentes na dinâmica de interação em contextos acadêmicos.

Luiz Antônio Marcuschi, tomando como ponto de partida para suas reflexões os conceitos de língua e gramática, discute no artigo "Discurso, cognição e gramática nos processos de textualização" a idéia de que seria ingênuo aceitar que toda e qualquer atividade discursiva se apresente descolada de uma ordem lingüística e cognitiva. Nesse sentido, comenta que discurso, cognição e gramática são indissociáveis. Procura mostrar, ao longo do artigo, em que medida os processos de textualização implicam atividades criativas que exigem, por sua vez, investimentos de natureza gramatical e cognitiva para produzirem sentido(s). Nas considerações finais, o autor aponta a *Lingüística do Texto* como uma saída possível para trabalhar de maneira integrada o trinômio discurso, cognição e gramática no processo de textualização, o que implicaria o balanceamento relativo às interioridade e exterioridade lingüísticas, sem o risco de pender mais para o lado de uma determinação histórica, ou para o de uma determinação formal.

Em "Discurso e gramática: motivações cognitivas e interacionais", procuro discutir aspectos de natureza interacional e cognitiva que permitem a aproximação entre discurso e gramática no ensino do vernáculo. O ponto de partida das reflexões marca uma postura crítica dentro da análise do discurso vista não só como corrente lingüística, mas, principalmente, como método de estudo. A análise do discurso que enfoca a língua como prática social constitui meu passaporte teórico e o discurso – concebido como modo de ação das pessoas (sobre o mundo e sobre outras pessoas), bem como forma de representação de significação (que constitui e constrói o mundo), como propõe Fairclough (2000) – representa o caminho que me permite uma aproximação ao que se reconhece como eventos de fala, como também um acercamento à pérola do(s) sentido(s), contida nos atos de fala, estes por sua vez concretizados em uma dada situação contextual, mediante ações orientadas socialmente, as quais respondem pelo processo de criação e recriação da linguagem de onde emerge, a meu ver, a denominada gramática "natural".

O terceiro artigo, intitulado "Pragmática, discurso e gramática", marca a presença de Jacob Mey, professor e pesquisador da Universidade do Sul da Dinamarca, cuja contribuição fecha a primeira parte do livro. O autor procura mostrar que a pragmática pode ser vista como um ponto de unificação entre a gramática e os estudos do discurso. Para tanto, tece uma retrospectiva crítica, revisitando estudos clássicos na literatura da área. Começa pelo estruturalismo de Saussure, passa pela glossemática de Hjelmslev, chegando a Bakhtin, que, a exemplo de Hjelmslev, debatia-se com o legado pós-saussureano. Em seguida, após discutir o tema discurso e gramática, Mey aponta uma mudança, defendendo a tese de que um novo paradigma, vindo da filosofia da linguagem, acaba por substituir o paradigma filológico clássico orientado para a estrutura. A pragmática desloca o foco de interesse: das regras de uma gramática, passa-se aos modos como os usuários praticam atos com palavras no contexto das atividades lingüísticas. Nas considerações finais, Mey retoma o tema discurso e gramática, sugerindo que "um implica o outro pragmaticamente e um necessita do outro para sobreviver".

Na segunda parte, Discurso e Mídia, no artigo intitulado "A voz e o *ethos* médico-científico no texto de informação publicitário", Maria Carmen Aires Gomes mostra como voz e *ethos* aparecem construídos em texto de informação pública, no qual perpassam marcas discursivas relacionadas aos atos de divulgar e vender uma mercadoria. Para subsidiar seu percurso analítico, talhado nos moldes teórico-metodológicos da análise crítica do discurso proposta por Fairclough (1992, 1999), Aires Gomes respalda-se em operações e categorias lingüísticas sociossemióticas trabalhadas por Halliday (1985) dentro da gramática sistêmica funcional. Nas palavras da autora, "busca-se, enfim, contribuir não só para os estudos sobre o papel do discurso nos processos de mudança sociocultural, mas também para um ensino de língua mais consciente e crítico das forças e interesses que moldam e constituem as nossas próprias práticas discursivas".

O estudo "Um caso de polícia: as reportagens policiais em dois jornais impressos brasileiros, abordadas à luz da análise crítica do discurso" é assinado por Izabella dos Santos Martins Mendes. Com base em material empírico colhido em reportagens policiais, a autora busca observar e comparar processos utilizados pelos jornalistas na representação e análise dos atores sociais, de modo especial a polícia. O foco de sua pesquisa incide na análise das ideologias que direcionam a composição do texto jornalístico. Não obstante, são utilizados, inicialmente, procedimentos de natureza quantitativa, oriundos da proposta teórica e metodológica da lingüística de *corpus*. Para o refinamento qualitativo, que conduz o leitor ao momento nuclear da análise, são utilizados os referenciais teórico-metodológicos da análise crítica do discurso proposta por Fairclough (1992).

O último artigo da segunda parte traz o nome de Janaína Minelli de Oliveira, que evidencia em "Ações sociais do gênero discursivo informação científica transmitida por meio do jornal televisivo brasileiro" uma abordagem interdisciplinar, a partir do enlace de subsídios teóricos da análise do discurso crítica e da gramática funcional, da análise de gêneros e da comunicação social. Esclarece a autora que tais campos de conhecimento são perfilados para que a abordagem do fenômeno comunicativo permita desvelar, mediante análise de categorias léxico-gramaticais e de traços característicos do gênero selecionado, as ações sociais por meio das quais se identifica o apoio da mídia jornalística na transmissão de notícias sobre ciência.

O estudo "Construto identitário feminino na busca do metainstável: *Eneida* de Virgílio e mídia da atualidade" baliza o primeiro artigo da Parte III, Discurso, Gênero Social e Identidade, abrindo a temática acerca da permeabilidade de fronteiras entre discurso, gênero social e identidade. Dina Maria Martins Ferreira, ao partir para uma análise do construto identitário, traça um eixo argumentativo fundamentado em indagações sobre o sujeito feminino, situado ao longo de séculos distanciados entre si. Para levar a cabo sua análise comparativa, Martins Ferreira trabalha com matéria discursiva colhida nas páginas literárias de Virgílio e nos discursos midiáticos recolhidos em *Caras* e *Quem*, duas revistas de circulação nacional. No cotejo do discurso de personagens femininas oriundas de dois mundos, primevo e atual, o jogo de linguagem aponta a neutralização de fronteiras teóricas no que concerne à "metodologização" do construto identitário, que implica sempre transformação, mudança. De acordo com a autora, "linguagem e mundo se entrecruzam", permitindo a constatação de que polaridades perdem suas fronteiras delimitadoras, o que acarreta o metainstável.

Na seqüência, Heloísa Marques Miguel tece sua análise enfocando "A categoria do tempo em *O chamado das pedras*", da inesquecível poetisa goiana Cora Coralina. A interpretação do poema respalda-se nos pressupostos teóricos da lingüística textual, sendo as reflexões embasadas nas idéias de Fiorin referentes às instâncias do enunciado e da enunciação, o que evoca, ainda que de maneira velada, a questão da identidade. Na análise pertinente aos fatores de coesão e de coerência nos tempos verbais, constata a autora a presença do denominado "tempo subvertido", que opera em favor do sentido global da mensagem. Nas considerações finais, registra que conteúdos disciplinares da área da lingüística contribuem de maneira decisiva para a compreensão da linguagem literária, o que comprova a permeabilidade de fronteiras nas instâncias dos estudos discursivos.

"A inscrição do sujeito no discurso da música nordestina: uma questão de identidade?" traz a contribuição de Ivone Tavares de Lucena. Trata-se de uma pesquisa que discute a presença de um sujeito coletivo cuja voz marca a historicidade de vozes sociais diversas. Nas palavras da autora, "em se tratando do nordeste brasileiro, há elementos operadores de uma memória social que nos remete à construção de uma identidade do homem do Nordeste que pode ser vista (lida) como 'paradigma' identitário a partir da investigação da memória discursiva". A análise do discurso francesa subsidia os pressupostos teóricos do estudo.

Na Parte IV, Gênero, Identidade e Articulação das Diferenças, o artigo "Gênero discursivo amnese: primeiros desvelamentos" compreende parte dos resultados da pesquisa de Carmem Cecília Camatari Galvão, que aponta a anamnese de primeira consulta como um gênero discursivo específico. A autora associa dois campos teóricos para desenvolver seu estudo: na lingüística, respalda-se em Bakhtin (2000), Chouliaraki e Fairclough (1999), assim como em Bronkart (1999); enquanto busca apoio, no âmbito da semiologia médica, nos trabalhos de Porto (1997) e Gauderer (1998), além de inspirar-se nas idéias de Scliar (2002). Trata-se de uma articulação entre a lingüística e a medicina com foco no discurso médico.

Com o estudo intitulado "Divulgação científica: ciência ou jornalismo?", Lilian Márcia Simões Zamboni marca presença desenvolvendo um percurso analítico, de natureza argumentativa, que lhe permite sugerir um deslocamento do discurso de divulgação científica para o denominado *campo das atividades de formulação de um discurso novo*. Para tanto, tece seus argumentos com base em Authier (1982), Possenti (1995) e Bakhtin (1992), entre outros. A análise de matérias de divulgação científica (DC), colhidas em jornais e revistas, levam Zamboni a concluir que "o discurso da DC constitui um gênero de discurso específico que, a despeito de manter relações genealógicas com o discurso científico, com ele não se confunde, sequer compartilha do mesmo campo de funcionamento da linguagem".

"Semiótica greimasiana e AD: uma articulação possível?" é assinado por Glaúcia Muniz Proença Lara. Com base no exame de dois tipos de discurso – o midiático e o político –, a autora procura mostrar que os princípios da proposta semiótica e os da análise do discurso de linha francesa podem ser utilizados de forma complementar dentro de um percurso analítico. Para defender essa "perspectiva conciliatória", Proença Lara lembra que, enquanto a semiótica greimasiana auxilia a *análise interna* do discurso com princípios, técnicas e métodos, a AD volta-se para *análise externa* do texto de modo a privilegiar as instâncias do discurso, tomado como objeto histórico, assim como os mecanismos interdiscursivos que o geram, tais como os que emergem da relação texto/contexto.

A Parte V, Discurso Acadêmico, Interação e Comportamento Não-Verbal, traz a contribuição de Eline Alcântara dos Santos que, enfocando no contexto de sala de aula "O sujeito-professor: multiplicidade de posições", discute a possibilidade de ruptura de uma assimetria em favor de uma prática discursiva que permita a instauração de uma nova ordem no discurso docente. Trata-se de pesquisa qualitativa, por meio da qual são trabalhados dados empíricos, colhidos dentro de procedimentos teórico-metodológicos de natureza etnográfica e crítica. Os resultados obtidos sugerem que no discurso do sujeito-professor os modos de legitimação surgem fragmentados, o que permite apontar novas propostas metodológicas voltadas para o ensino.

A pesquisa sobre "Os aspectos não-verbais e verbais na interação do discurso de sala de aula: resultados preliminares", destaca o trabalho de Maria Francisca de Oliveira Santos, cuja proposta analítica incide sobre as contribuições da cinésica e da proxêmica aos estudos interativos do discurso no contexto escolar, de modo especial em sala de aula. Santos enfatiza a importância da comunicação multicanal, sobretudo no que concerne aos gestos e à distância. De acordo com a pesquisadora, os critérios seguidos para a interpretação dos gestos mostram que os mesmos ratificam, acentuam e justificam os sinais verbais. No que concerne à proxêmica, observa a autora que os aspectos não-verbais, representados pela distância entre interlocutores, permitem que se instaure a interação em diversos momentos em sala de aula, o que deve ser levado em conta nas práticas pedagógicas.

Reforçando a importância da comunicação não-verbal, Cibele Brandão discute as "Estratégias pragmáticas não-verbais no processo de variação estilística". A pesquisadora, cujo trabalho compõe o último artigo da presente coletânea, busca examinar mecanismos não-verbais indicadores dos estilos formal e informal, assim como descrever e interpretar o significado pragmático de estratégias em discursos colhidos no meio acadêmico. Trata-se de pesquisa de natureza etnográfica e interacional, que aponta diversos resultados caracterizadores referentes às estratégias não-verbais, entre os quais se destacam indicadores de variação associados a uma gama de estilos.

Que os estudos aqui reunidos possam corresponder às expectativas de todos aqueles (leigos e especialistas) que se interessam pela linguagem humana, cuja magnitude se pode vislumbrar ao cruzar as fronteiras que cercam as instâncias do discurso.

Denize Elena Garcia da Silva
Brasília, maio de 2004.

PARTE I - DISCURSO E GRAMÁTICA

DISCURSO, COGNIÇÃO E GRAMÁTICA NOS PROCESSOS DE TEXTUALIZAÇÃO[1]

Luiz Antônio Marcuschi

Preliminares

Quando me pus a pensar sobre o tema enunciado no título desta conferência, dei-me conta do quanto ele era ambicioso e percebi que estava diante de tarefa difícil. Entre os vários caminhos que se apresentavam, decidi-me por alguns elementos de natureza conceitual e um roteiro que permitisse administrar *discurso, cognição e gramática* de forma integrada. Na realidade, parece até óbvio admitir que toda nossa atividade lingüística se dá como um ato cognitivo na produção discursiva. Mas se é tão natural que assim se pense, por que ainda não há reflexões conclusivas a esse respeito? O fato é que, se isto ainda não foi feito, não é porque não tenha havido essa percepção, mas porque se trata de algo muito complexo. Aliás, se bem observado, grande parte do esforço mais sério na lingüística nos últimos 30 anos tem sido precisamente nesse campo. Vejam-se as reflexões de Charles Fillmore, Ronald Langacker, George Lakoff, Talmy Givón, Gilles Fauconnier, Michael A. K. Halliday, Antoine Culioli, Teun Van Dijk, Robert de Beaugrande e muitos outros que fizeram tentativas nessa linha.

Diante de tudo o que foi feito, não tenho a ilusão de dar uma contribuição original e sequer muito clara. Vou refletir sobre o tema, abrindo as questões em alguns de seus momentos interessantes. Nisto, não farei mais do que voltar a pensar sobre a noção de linguagem, gramática e texto, articulando-os numa reflexão de conjunto. E para tanto retomarei um trabalho do saudoso amigo Carlos Franchi, de 1977,[2] que 25 anos depois me serve de guia nesta tarefa. Revisitando esse texto, dei-me conta do quanto ali havia nesta perspectiva e, seguramente, estamos hoje mais maduros para retomar aqueles temas de maneira sistemática. Só não sei se aqui faço justiça ao monumental esforço de síntese na reflexão que encontramos nos trabalhos de Carlos Franchi.

Ponto de partida: língua e gramática

Já se tornou hoje bastante comum a idéia de que nossas atividades lingüísticas se dão por textos realizados em algum gênero discursivo. E, ao se materializar em textos, o discurso segue, entre outras, as normas da língua, expressas na gramática. Esta, por sua vez, manifesta-se *também* como uma complexa *atividade* sociocognitiva historicamente desenvolvida, isto é, como "*uma forma de vida*" regrada por uma determinação de princípios de múltiplos níveis e não apenas interna, imanente ao sistema, alheia aos que dela se servem, pois há certos "laços contratuais" na atividade lingüística que lhe advêm de seu caráter dialógico, no sentido bakhtiniano do termo.

Mas, mesmo admitindo esse caráter "contratual" da linguagem, nem por isso, advertia Franchi ([1977] 1992:10), devemos aceitar que a linguagem em si mesma seja uma simples instituição com "um conjunto de convenções adotadas pelo corpo social, submetidas a um normativismo exterior". Pois seria pernicioso a uma correta noção de linguagem "reduzi-la a um papel de ferramenta social, a limitar-se pela observação de sua face exterior, puramente instrumental". (Franchi, [1977] 1992:25). O problema está em como equilibrar, nas nossas ações lingüísticas, a "relação instável" entre a "interioridade e a exterioridade" lembrada por Franchi ([1977] 1992:25). Trata-se de evitar tanto um funcionalismo generalizado e "unilateral" em que toda a observação da linguagem seria apenas pelas suas funções, como também de evitar um formalismo puro sem atinar para o papel da linguagem na atividade reflexiva e nas relações interpessoais. Neste caso, gostaria de me alinhar ao que postula Margarida Salomão (1999:75) quando sugere que uma visão deste tipo "*requer uma concepção de gramática* que é inconciliável tanto com os cognitivistas formalistas como com a maior parte dos funcionalismos" (grifo da autora). Assim, a linguagem é muito mais um "*dispositivo para a construção do conhecimento*" (Salomão, 1999:75) que um instrumento funcional ou uma estrutura formal.

É insustentável a posição funcionalista quando admite "a suposição de que a cada situação e a cada função específica devem corresponder modos específicos de expressão; a cada conjunto de fatores contextuais e situacionais, uma resposta determinada" (Franchi, [1977] 1992:26). Pois a flexibilidade e a indeterminação lingüística, tal como apontadas e analisadas por Possenti (1988), permitem a efetiva articulação de uma teoria da gramática com uma teoria do discurso. A organização do mundo se dá pelo trabalho lingüístico e não pela determinação dos contextos situacionais de modo unilateral e aí reside a função cognitiva da linguagem como forma de "enquadre".

Em suma, nas oportunas e sempre citadas palavras de Franchi ([1977] 1992:25), podemos tranqüilamente admitir que:

> [...] antes de ser para a comunicação, a linguagem é para a elaboração; e antes de ser mensagem, a linguagem é construção do pensamento; e antes de ser veículo de sentimentos, idéias, emoções, aspirações, a linguagem é um processo criador em que organizamos e informamos as nossas experiências.

Em conseqüência, nossos discursos são fruto da integração de operações sociais, cognitivas e lingüísticas, tal como postula Beaugrande (1997:10) em sua definição de texto. De acordo com Franchi, isto significaria que a função básica da linguagem não é a comunicação ou a informação e sim a reflexão e a construção do pensamento, que se dão apenas parcialmente na atividade interativa. Para Franchi, a via de entendimento da linguagem pela visão instrumental e comunicativa não é a mais adequada por uma série de razões, em especial pelo predomínio de uma determinação externa que se recusaria a ver a relevância da participação da forma na constituição do sentido. Enfim, língua não é forma nem função e sim *atividade significante e constitutiva*.

Este aspecto se torna central numa reflexão sobre as relações entre *discurso, cognição e gramática* no processo de textualização, permitindo evitar o equívoco de tratar a linguagem como um simples meio de comunicação e informação, e como simples estrutura formal ou como instrumento do pensamento ou como atividade ideológica e histórica. A linguagem não se determina como veículo nem como repositária de informações. Ela é muito mais uma "atividade constitutiva", segundo observa Franchi, e interfere na própria produção da significação. Daí a relevância da gramática em seu papel determinante no sentido, operando para muito além de um sistema de regras na atividade lingüística. Gramática se torna "uma forma de vida" na visão wittgensteineana.

Assim, *discurso, cognição e gramática* constituem três aspectos incontornáveis da atividade lingüística como "atividade significante" em contextos de interação humana. E aqui assumo a posição de Antoine Culioli, citado por Franchi ([1977] 1992:27), ao sugerir que

> [...] a atividade lingüística é significante [...], mas não se pode afirmar que as palavras têm um sentido sem ser levado a uma concepção instrumental da linguagem, concebida como um instrumento cuja finalidade explícita seria a comunicação de sujeitos universais.

Isto quer dizer que a linguagem mantém com os sujeitos uma "relação complexa de exterioridade", de modo que significar é uma operação mental com a linguagem e não fruto geral de um uso instrumental da linguagem. É neste sentido, também, que os "sistemas de referência" não são espelhamentos do mundo, mas "domínios de interpretação", como lembra Possenti (1992:164).[3] Esses sistemas de referência como *frames* ou "formações discursivas" são construções históricas e neles se situa a indeterminação lingüística. Podemos até mesmo afirmar, sem medo de exagero, que a atividade referencial é uma atividade criativa, pois *referir é criar*, já que a referência não é uma simples designação.

Nesta exposição, trata-se de *mostrar a curiosa, complexa e necessária relação entre cognição, discurso e gramática como forma de administrar criativamente nosso agir lingüístico na produção textual socialmente controlada*. Partimos, aqui, da posição de que esses três aspectos constituem a própria condição de possibilidade da linguagem como atividade criativa e recursiva. Não postulamos uma centralidade da sintaxe, tal como faz o gerativismo em geral, nem damos a entender que a significação se acha na simples e total dependência de formas gramaticais, como postulam diversos formalismos, nem admitimos que o cognitivismo seja algo individual, internalizado e mentalista, mas um quadro de referências sócio-historicamente constituído, já que cognição não é algo puramente mental.

Ainda segundo Franchi ([1977] 1992:31-32), "não há nada imanente na linguagem, salvo sua força criadora e constitutiva", bem como "não há nada universal salvo o processo" de tal atividade. E, com isso, o autor afirma que "a linguagem, pois, não é um dado ou resultado; mas um trabalho que 'dá forma' ao conteúdo variável de nossas experiências" e é nesse trabalho coletivamente realizado que se constitui o "sistema de referências" em que o sistema simbólico se torna significativo. Assim nos afastamos tanto de uma visão instrumentalista como formalista da linguagem. Este aspecto é importante para nossa argumentação, pois *se o uso recursivo de um conjunto limitado de regras gramaticais e itens lexicais poderia dar conta de todos os discursos, isso ainda não daria conta da indeterminação que os acompanharia e seria necessário invocar experiências que fogem à imanência lingüística*. Daí a pobreza da visão gerativista (v. Franchi, 1977) de uma "criatividade horizontal", puramente recursiva, à qual se poderia contrapor uma "criatividade vertical" em que passa a vigorar a "indeterminação semântica" que se dá na intersecção de diferentes domínios ou espaços referenciais e relacionais. Segundo Franchi,

> Nesse sentido, a linguagem não é somente um processo de representação, de que se podem servir os discursos demonstrativos e conceituais, mas ainda uma prática imaginativa que não se dá em um universo fechado e estrito, mas permite passar, no pensamento e no tempo, a diferentes universos mais amplos, atuais, possíveis, imaginários. (p. 32).

Este é um passo decisivo para se admitir a presença sistemática da metáfora, da metonímia, da analogia, da associação e de todos os demais processos semântico-cognitivos que envolvem indeterminação, mas que se determinam no intercâmbio de domínios predicativos, relacionais e categoriais. Essa indeterminação torna relevante o contexto, exige reflexão sobre os dêiticos e todas as estratégias de concordância, entoação, ordem frasal, entre muitas outras, que "dispensam a linguagem de construir uma sintaxe determinada completamente" (Franchi [1977] 1992:35). Ao se dispensar uma determinação prévia não se está dispensando o sistema, como pensaram alguns.

Com efeito, *admitimos ser ingênua e fadada ao fracasso a tentativa de uma análise da produção textual-discursiva na pura exterioridade de sua inserção social, bem como insatisfatória se realizada no nível da interioridade formal, como determinada, estável e fundada num conjunto delimitado de categorias*. Este é o "paradoxo" para o qual chama atenção Franchi ([1977] 1992:35), ao abrir a indagação sobre os caminhos da análise discursiva da língua. E é este paradoxo que enfrentamos com a proposta de uma análise textual-discursiva quando tentamos integrar *discurso, cognição e gramática*.

Novos rumos para uma análise textual-discursiva

Como se viu, o ponto de partida de toda a análise aqui proposta é uma noção de linguagem que não se centra apenas na forma nem na função, mas que tenta resolver o problema da interioridade e da exterioridade da linguagem articuladamente. Admitindo-se a necessidade de uma visão de processos mais amplos e múltiplos numa tarefa deste tipo, nada melhor que observar as estratégias de textualização como atividades criativas que exigem investimentos de ordem gramatical e cognitiva para produzir discursos significativos. Assim, a proposta apresentada sugere a articulação do tripé *discurso, cognição e gramática* como uma perspectiva teórica adequada a uma *Lingüística Textual* (LT).

Gostaria de frisar que falar em textualização é quase redundante quando se trata da atividade lingüística, pois é praticamente impossível mover-se discursivamente fora de algum texto. E ao nos movermos em e com textos sempre estaremos envolvidos em atividades gramaticais, cognitivas e discursivas. Pois o discurso é nossa maneira de inserção sócio-histórica na produção de sentido, a cognição é nossa maneira de atuar significativamente e a gramática é nossa maneira de atuar regradamente nesse contexto. Assim, em princípio, não parece difícil admitir que a integração dos três elementos apontados se dá de forma harmônica ao se tratar da textualização.

Considerando que o núcleo da atividade textual-discursiva é produzir e compreender textos orais e escritos, trata-se de resolver questões relativas a:

- coerência e continuidade referencial
- coesão e organicidade textual
- atividades inferenciais
- situacionalidade e contextualização

entre inúmeras outras. Imagino que isto supera alguns dos atuais sete critérios da textualidade originalmente propostos por Beaugrande & Dressler (1981), que em muitos casos são redundantes ou circulares.[4] Para Beaugrande (1997:15), os sete princípios da textualização mostram quão rico é um texto em seu potencial para conectar atividades sociais, conhecimentos lingüísticos e conhecimentos de mundo. Não se trata, como se pensou em algum momento, de princípios de boa-formação textual. Segundo o autor, os sete princípios não são critérios que permitem identificar as fronteiras entre um texto e um não-texto, mas sim as condições para uma ação lingüística, cognitiva e social na qual eles operam como *modos de conectividade* em níveis diversos, mas inter-relacionados.

Assim, quando eu leio a lista telefônica como um texto que me informa um conjunto de dados, eu estou aplicando princípios gerais para textualizá-la, numa relação do mundo com a sociedade, e não busco uma textualidade imanente já realizada por esses princípios. A textualidade é o resultado de um processo de textualização. A textualidade é o evento final resultante das operações produzidas nesse processamento de elementos em multinível e multissistemas. A textualização é um processamento discursivo que torna um artefato lingüístico um evento discursivo na medida em que conseguimos relacionar fenômenos lingüísticos, sociais e cognitivos significativamente. O problema teórico e prático da LT é oferecer os elementos que explicam como essa operação se dá. Neste entendimento, a Lingüística de Texto pode ser vista como um esforço teórico de articulação de discurso, cognição e gramática.

O aspecto lingüístico não opera sozinho e não pode encerrar em si todo o potencial de textualização. Esse é o fato mais importante nesta perspectiva teórica, pois se por um lado o texto não é um artefato autônomo, por outro, não é um ser num limbo sócio-cognitivo. É a isso que se referia Beaugrande (1997) quando sugeria que o grande problema da LT é providenciar a ponte entre o *sistema virtual* e o *sistema atual* da língua, que pode ser visto como um outro modo de perceber a questão da interioridade e exterioridade referida acima. Enquanto artefato estritamente lingüístico, o texto não passa de uma *possibilidade* cujas condições de *atualidade* são o contributo de sua inserção na sociedade e no mundo.

Todos estes aspectos envolvem gramática, discurso e cognição. Pois não se pode pensar a *coerência* como algo imanente à superfície textual e sim como uma operação cognitiva sobre os elementos do texto, produzindo quadros de referência que permitem inclusive a derivação de cadeias de ligação coesiva. Considerando que a coerência textual é um fenômeno relativamente elástico e flexível, parece impossível providenciar-lhe algum tipo de solução algorítmica (Charolles, 1983:12). Também não se pode imaginar que a questão da coerência se resolve como um fenômeno de boa ou má-formação textual. É o caso da interpretação de todas as *anáforas indiretas* dependentes de processos inferenciais e estratégias de associação, analogia, metaforização e até de recategorização lexical.

A conexão (coesividade e coerência vistas em conjunto) não é uma simples questão gramatical passível de ser vista na imanência das unidades discretas que compõem os enunciados. O componente pragmático-cognitivo não é contemplado na análise das frases e é decisivo numa definição de texto. Note-se que fenômenos como as *elipses, os artigos, os dêiticos, a referenciação pronominal* etc. resolvem-se em âmbitos quase sempre superiores[5] ao da frase. São inclusive questões que não foram resolvidas pela gramática estritamente formal, seja ela qual for. De igual modo, noções como *compatibilidade, contradição, ambigüidade, relevância* etc. ultrapassam a esfera das relações intrafrasais e até mesmo da semântica e da lógica. Tomemos o seguinte exemplo:

(1) Um Fiat **voava pelas ruas da cidade em alta velocidade.** O carro **era dirigido por** um bêbado. A cerveja **transformara o sujeito num ás do volante. Ele se sentia o máximo.**

Neste caso, *Fiat* foi retomado com *carro* e *bêbado* por *cerveja*. O artigo indefinido transformou-se em definido, sendo que o contrário aqui não poderia ter acontecido. Certamente, as razões dessas continuidades referenciais não são gramaticais, mas de caráter cognitivo e de base em *modelos cognitivos*, que operam como contextos relevantes para decisões interpretativas.

O sistema simbólico é um sistema significante sem autonomia interna e seu significado ou sentido determina-se na operação de relações bastante complexas em vários níveis.[6] O sentido não está lá como um dado, mas é fruto de uma projeção ou um cálculo interpretativo com várias linhas decisórias. Discursivamente, o gênero textual tem um papel de enquadre tão importante quanto os possíveis enquadres contextuais. Uma unidade lexical ou um sintagma e mesmo uma oração ou cadeia de enunciados podem ter variadas significações a depender do conjunto de fatores internos cognitivos ou formais que atuam e não se pode admitir que estejam refletindo apenas pressões externas.

As marcas enunciativas funcionam como *enquadres co-textuais* que permitem inferências dos mais diversos tipos. Entre essas marcas estão todos os elementos enunciativos desde os aspectos morfológicos, tempos verbais, modalizadores e as concordâncias, até a entoação e os marcadores discursivos em geral. Um enunciado com marca interrogativa pode não ser uma indagação e sim um pedido ou até mesmo uma ordem. Uma concordância não realizada pode ter efeito expressivo.

De igual modo, tal como observa Stubbs (1983:15-20), na produção de textos orais temos algumas normas sociais ou culturais que se sobrepõem às gramaticais. Assim, suponham que eu, estando no centro da cidade, abordasse um estranho e dissesse:

(2) Bom-dia, amigo, podia me dizer se está na hora de tomar o meu remédio para o coração que o Dr. Albert me receitou anteontem?

Seguramente, meu interlocutor seria assaltado por algumas dúvidas não precisamente sobre minha competência gramatical. Num texto, e especialmente na sua vida social, nem tudo é comandado pelas normas lingüísticas.

Já que tudo isso é denominado *contexto,* torna-se necessário um breve esclarecimento a este respeito. *Tornou-se comum tomar contexto como uma coleção de fatos ou situações em que se situa uma dada produção discursiva para enquadre inferencial.* Contudo, parece muito razoável adotar a posição defendida por Kerbrat-Orecchioni (1996:42), quando propõe tomar *contexto* como um conjunto de fenômenos não-objetivos e sim interiorizados no formato de modelos cognitivos mobilizáveis. Assim, repetindo Auer & Luzio (1992 *apud* Kerbrat-Orecchioni, 1992:42), a autora diz:

> Contexto não é uma coleção de 'fatos' materiais ou sociais [...] mas um número de esquemas cognitivos sobre o que é relevante para a interação a cada ponto dado e a cada momento [...]. Esses parâmetros contextuais emergentes referem-se aos fatos de conhecimento que devem ser revertidos das disposições cognitivas 'invisíveis' dos participantes em bases acessíveis coletivamente em que se conduz a interação.

Portanto, quando eu, no estacionamento do Centro de Artes da Universidade Federal de Pernambuco, sou abordado pelo Carlinhos, meu guardador de carro há mais de 25 anos, numa determinada época do ano, com a expressão:

(3) Doutor, cadê o meu milho?

Sei que ele se refere à contribuição para a tradicional festa junina que no Nordeste é tão ou mais importante que o Natal. Não se trata de um dinheiro para comprar milho propriamente e sim para passar as festas da semana junina. Neste sentido, pode-se dizer que os mecanismos inferenciais são comandados pelo contexto, desde que se entenda contexto como "enquadre cognitivo". E o processo referencial é um ato criativo nesse contexto e não um simples ato de designação. De igual modo operam enunciados tais como:

(4) Doutor, cadê o meu peixe?

(5) Doutor, cadê o meu sapato?

Assim como (3) é um enquadre de festas juninas, (4) é um enquadre da Páscoa e (5) um enquadre natalino. Na realidade, o contexto diz que o discurso é uma atividade tanto determinada como determinante, já que não há estruturas permanentes.

Um discurso receberá um certo enquadre quando produzido ao longo do *dia 1º de abril,* e outro, se produzido ao longo do *dia de nosso aniversário*. Esses enquadres cognitivos específicos funcionam como contextos e sua determinação, seguramente, não "vem de fora". *Por isso, o contexto, mais do que uma exterioridade pressionando o sentido ou as formas, é uma operação cognitiva de interpretação e reinterpretação constante*.

Repetindo Kerbrat-Orecchioni (1996:49), podemos dizer que "discurso modela contexto assim como contexto modela discurso", o que conduz a uma inserção da pragmática no processo de produção de sentido sem envolver sujeitos individuais ou cognições particularizadas. Nossos enunciados são a um só tempo *modelados pelo contexto* como *renovam o contexto*, lembra Kerbrat-Orecchioni (1996:50).

Do ponto de vista da reflexão gramatical, temos aqui aspectos interessantes como o processo de anaforização, que embora deva obedecer a requisitos morfossintáticos para a sua solução, nem sempre esgota-se nesse âmbito. Sobre isso discorre com grande precisão, mostrando de maneira bastante clara como se unem esses aspectos Ingedore koch (2002) em seu último livro com o sugestivo título *Desvendando os Segredos do texto*, uma primorosa exposição dos princípios aqui lembrados e de muitos outros, como os elementos enunciativos e os fatores da progressão referencial. Aliás, eu tomaria esse livro e também Koch & Marcuschi (1998) como exemplos para mostrar muitos dos aspectos aqui lembrados.

Hoje se sabe que a anáfora é algo muito mais complexo do que uma relação entre elementos da imanência textual e não se acha restrita às considerações tipicamente sintáticas, mas envolve aspectos cognitivos, gramaticais e discursivos imbricadamente. Veja-se o caso da denominada *anáfora indireta* (AI)[7].

Informalmente, entendem-se como *anáfora indireta* expressões nominais definidas ou pronomes interpretados referencialmente sem que lhes corresponda um antecedente (ou subseqüente) explícito no texto no formato de um *denotatum*. Trata-se de uma estratégia endofórica de *ativação* de referentes novos e não de uma *reativação* de referentes já conhecidos, o que constitui um processo de referenciação implícita. Caso típico de *AI* seria este:[8]

> **(6) Essa história começa com uma família que** vai a uma ilha **passar suas férias. /.../ Quando amanheceu eles foram ver como estava** o barco, **para ir embora e perceberam que o barco não estava lá.**

É fácil perceber que [O BARCO] é uma expressão referencial nova nesse texto, mas surge como se fosse *conhecida* com a anteposição de um artigo definido. Ela *ancora* (cognitivamente) na expressão nominal antecedente [UMA ILHA] que lhe dá suporte. Casos assim são freqüentes em todos os gêneros textuais tanto na fala como na escrita. Mas a escola ainda insiste em apontá-los como inconsistências gramaticais.

A classe das *anáforas indiretas* representa um desafio teórico e obriga a abandonar a maioria das noções estreitas de anáfora, impedindo que se continue confinando-a ao campo dos pronomes e da referência em sentido estrito. Vale ressaltar desde logo que a anáfora não pode ser confundida com a questão referencial em sentido estrito, pois ela é essencialmente de natureza interpretativa, envolvendo crucialmente referenciação e atividades inferenciais. Em suma, a *AI* é um caso de *referência textual*, isto é, de construção, indução ou ativação de referentes no processo textual-discursivo que envolve atenção cognitiva conjunta dos interlocutores.

Uma análise detida das características centrais da *AI* mostra que essas anáforas não dependem de uma congruência morfossintática nem da necessidade de reativar referentes já explicitados. Isto torna relevante indagar em que sentido se trata de uma *anáfora*, já que não há uma relação *correferencial,* nem sequer uma continuidade do mesmo referente, como lembra Schwartz (2000:41). Sobretudo ao se considerar que as *AI* redefinem o papel dos processos referenciais e inferenciais, bem como a questão dos sintagmas definidos e indefinidos, não os ligando automaticamente a conhecimentos novos ou velhos, mas exigindo contextualização e ajustes categoriais constantes. É o caso de invocar mais uma vez a posição de Margarida Salomão (1999:71), lembrando que "*interpretar é representar, no sentido dramático de representação*" (grifo original da autora). Interpretar é situar os referentes numa cena em que eles fazem sentido, isto é, situá-los sócio-cognitivamente. Em suma, como lembra a autora: "*toda experiência social é, por sua vez, semantizante*" (p.71),

Por tudo isso, pode-se dizer que o estudo das *AI*, além de ser uma oportunidade para rever as relações entre *pragmática e cognição* e exigir análises mais cuidadas da noção de *modelos mentais* e do funcionamento semântico da língua (em especial do *léxico* e dos *papéis temáticos*), propicia uma produtiva revisão de noções tais como *língua*, *categoria*, *referência*, *inferência*, *texto e coerência*, sendo um bom momento para se ver de maneira muito clara a aqui apontada relação entre discurso, cognição e gramática.

Veja-se o interessante caso desta crônica de Fernando Sabino, "*Se quiser descer, não suba*", em que o primeiro parágrafo é uma seqüência de SNs definidos ativados pela âncora inicial [EDIFÍCIO] e depois [CELEBRAR]:

> **(7) Chegando ao** edifício, **tomei o elevador que ia até o décimo quarto andar. Era pelo menos o que dizia a tabuleta no alto da porta.**
> **– Sétimo – informei ao cabineiro.**
> **Eu estava sendo aguardado no** auditório, **onde faria uma palestra. Eram as secretárias daquela empresa que** celebravam **o Dia da Secretária e que, desvanecedoramente para mim, haviam-me incluído entre as celebrações.**

Note-se que a expressão *edifício* tem como parte [ELEVADOR] e [ANDARES], inclusive um *décimo quarto andar.* O *elevador* tem um [CABINEIRO] e num *auditório* pode-se ter [PALESTRAS]. Além disso, trata-se de *celebrar* um dia especial com [CELEBRAÇÕES]

Como se nota, o lugar da gramática na textualização não é o de um conjunto de regras para a consecução de objetivos formais de boa-formação frasal e sim de condução regrada e categorialmente justificada de ações discursivas. Pergunto, por exemplo, em que nível de análise se resolvem problemas de *ambigüidade*, *polissemia*, *indexicalidade dêitica*, *contrafactualidade* e *modalização* em textos. É tendo em vista estes casos que se afirmava acima, com Franchi (1977) que a língua, mais do que uma atividade estruturada é uma atividade estruturante e podemos acrescentar que essa estruturação se dá essencialmente no processo de textualização em que surge o discurso gramaticalmente enformado e cognitivamente funcional.

É importante perceber que esses aspectos dizem respeito a fenômenos que nunca foram muito bem explicados, mas que se acham essencialmente ligados a questões de indeterminação lingüística.

Observações finais

Tal como avisei no início, não era de se esperar aqui algo essencialmente novo, mas sim que chamasse a atenção para a reflexão sobre *discurso*, *cognição* e *gramática no processo de textualização* de maneira integrada. A sugestão, neste caso, foi a possibilidade de uma *Lingüística de Texto,* que desse conta desse trinômio resolvendo a questão da interioridade e exterioridade lingüística sem cair numa determinação sócio-histórica nem numa determinação formal.

Pois como dizia Franchi, *"não há nada imanente na linguagem, salvo sua força criadora e constitutiva"*, bem como *"não há nada universal salvo o processo"* de tal atividade. E com isso, "a linguagem, pois, não é um dado ou resultado; mas um trabalho que 'dá forma' ao conteúdo variável de nossas experiências" e é nesse trabalho coletivamente realizado que se constitui o "sistema de referências" em que o sistema simbólico se torna significativo. Trata-se de recusar a cognição como ato individual e de recusar a forma como determinada. A cognição é parte essencial da ação conjunta que se dá na atividade lingüística.

No meu entender, resta perceber que hoje está em curso uma nova visão do que sejam regras gramaticais na sua estreita relação com aspectos cognitivos e discursivos, evitando-se todo tipo de autonomia ou predomínio de alguma interioridade ou exterioridade. A rigor, o *interior* do sujeito é inseparável do que ocorre no seu *exterior* e as atividades de um sujeito só fazem sentido na relação com o outro no jogo interativo. Só assim podemos construir as noções de linguagem, sujeito, referência, texto, discurso, gêneros textuais etc. capazes de dar conta da multifacetada e extremamente importante questão da produção de sentido como uma atividade constitutiva e não como determinação de formas ou de contextos exteriores. Os "esquemas de ação" tornam-se, neste caso, importantes e seu formato tem algo de formal e interativo.

Talvez, a partir dessas questões, possamos ter uma noção mais clara de como enfrentar a indeterminação lingüística em toda a sua extensão e não apenas pontualizadamente em alguns casos como a polissemia e ou a ambigüidade.

Por fim, me atrevo a dizer que *discurso*, *cognição* e *gramática* são três aspectos incontornavelmente ligados na atividade discursiva. Podemos até distingui-los se observamos o que comumente se chamou de "uso da língua". Mas esta expressão deveria ser evitada pelo tanto que tem de instrumentalismo e determinação de uma exterioridade incontrolada. Aqui não são os usos que estão em foco e sim as *atividades*. O que me preocupa são os condicionamentos que as atividades discursivas impõem aos usos e não o contrário, restaurando assim o primado da linguagem como atividade e não do uso simplesmente.

Notas

[1] Estas reflexões foram feitas no contexto de um projeto financiado pelo CNPq, processo n.º 523612/96-6.

[2] Carlos FRANCHI. [1977] 1992. Linguagem – Atividade Constitutiva. *Cadernos de Estudos Lingüísticos*. Campinas, IEL, 22(1992):9-39. Texto

original editado na revista *Almanaque*, 5(1977):9-26. Cito aqui a versão de 1992 numa edição em homenagem a Carlos Franchi.
[3] Sírio POSSENTI. 1992. Gramática e análise do discurso. *Cadernos de Estudos Lingüísticos*, Campinas, IEL 5(1992):161-166.
[4] Refiro-me aos sete critérios básicos da textualidade: coesão, coerência, intencionalidade, aceitabilidade, informatividade, situacionalidade e intertextualidade, tal como definidos e expostos nos caps. 4 a 9 da obra de Robert de BEAUGRANDE & Wolfgang DRESSLER (1981).
[5] Sem ceder a jogos de linguagem fáceis e enganadores, podemos dizer que superior, aqui, significa acima, além, fora e maior que o âmbito da frase. Portanto não é uma questão apenas inter-frásica, mas muito maior.
[6] Suponho que aqui cabe perfeitamente a posição da hipótese sociocognitiva formulada por Margarida Salomão (1999), quando mostra que "o foco da análise [centrado] no significante", bem como "*o tratamento do significante em termos de relações de correspondência das formas com a realidade discursiva*" (grifo da autora) não mais resistem hoje ao "compromisso cognitivista". (p. 63). Para a autora, a postulação da "escassez do significante" juntamente com "a semiologização do contexto" e "o drama das representações", conjugados a uma "nova metafísica", comprovariam a impossibilidade de continuar concebendo a língua como um "sistema social descarnado" (p. 66-74).
[7] Entre os trabalhos sobre o tema, vejam-se Monika SCHWARTZ. 2000; Luiz Antônio MARCUSCHI (2000a, 2000b) e Ingedore V. KOCH & L. A. MARCUSCHI (1998).
[8] Este exemplo encontra-se em meu texto sobre a anáfora indireta: Luiz Antônio MARCUSCHI (2001).

Referências bibliográficas

BEAUGRANDE, Robert de. *New foundations for a science of text and discourse*: Cognition, Communication, and the Freedom of Access to Knowledge of Society. Norwood, New Jersey: Ablex, 1997.

BEAUGRANDE, Robert de & DRESSLER, Wolfgang. *Introduction to text linguistics*. London: Longman, 1981.

FRANCHI, Carlos. Linguagem - Atividade Constitutiva. *Cadernos de Estudos Lingüísticos*. Campinas, IEL, 22(1992):9-39 (publicado originalmente na revista *Almanaque*, 5(1977):9-26).

KERBRAT-ORECCHIONI, Catherine. Texte et contexte. *SCOLA - Sciences cognitives, Linguistique & Intelligence Artificielle*. 6(1996):39-60.

KOCH, Ingedore Villaça. *Desvendando os segredos do texto*. São Paulo: Cortez, 2002.

KOCH, Ingedore Villaça & MARCUSCHI, Luiz Antônio. Processo de referenciação na produção discursiva. *Revista D.E.L.T.A.* Número Especial, 169-190, 1998.

MARCUSCHI, Luiz Antônio. Anáfora indireta: o barco textual e suas âncoras. *Revista Letras*, Curitiba, 56(2001):217-258.

_____. Anáfora sem antecedente explícito. *In*: PRETI, Dino (Org.). *Fala e escrita em questão*. (Projetos Paralelos - NURC/SP, Núcleo USP, Vol. 4) São Paulo: Humanitas, 2000a. p. 191-240.

_____. Aspectos da progressão referencial na fala e na escrita no português brasileiro. *In*: GÄRTNER, E.; HUNDT, C. & SCHÖNBERGER, A. (Ed.). *Estudos de lingüística textual do português*. Frankfurt am Main: TFM, 2000b. p. 79-107.

MONDADA, Lorenza. *Verbalisation de l'espace et fabrication du savoir. Approche linguistique de la construction des objets de discours*. Lausanne - Université de Lausanne, Faculté de Lettres, 1994. Thèse pour obtenir le grade de docteus en lettres. 671 p.

POSSENTI, Sírio. *Discurso, estilo e subjetividade*. São Paulo: Martins Fontes, 1988.

SALOMÃO, Margarida. A questão da construção do sentido e a revisão da agenda dos estudos da linguagem. *Veredas. Revista de Estudos Lingüísticos*, Juiz de Fora, 4(1999):61-79.

STUBBS, Michael. *Discourse Analysis*. The Sociolinguistic Analysis of Natural Language. Oxford: Basil Blackwell, 1983.

DISCURSO E GRAMÁTICA: MOTIVAÇÕES COGNITIVAS E INTERACIONAIS

Denize Elena Garcia da Silva

Introdução

Meu propósito, no espaço deste artigo, é expor pontos de vista teóricos que refletem o pensamento de todos aqueles que acreditam na convergência e na congruência, sejam estas de idéias e crenças, ou de teorias que embasam a trajetória da ciência na rota dos estudos da linguagem. Buscar explicitar caminhos de aproximação entre o discurso e a gramática constitui o propósito central do trabalho que tem como escopo apresentar e discutir algumas considerações teóricas que permitem abordar uma concepção de gramática a partir das atividades de linguagem não só como prática social (Fairclough, 1992), mas como um processo do qual emergem estruturas funcionais que permitem apontar uma gramática "natural" da língua (Halliday, 1989). Buscar-se-á destacar sobretudo que nossos discursos resultam da integração de operações sociais, cognitivas e lingüísticas, tal como postula Beaugrande (1997:10).

O ponto de partida das reflexões que agora apresento marca uma postura dentro da análise do discurso vista não só como corrente lingüística, mas, principalmente, como método de estudo. A análise do discurso que enfoca a língua como prática social constitui meu passaporte teórico e o discurso - concebido como modo de ação das pessoas (sobre o mundo e sobre outras pessoas), bem como forma de representação de significação (que constitui e constrói o mundo), como propõe Fairclough - representa o caminho que me permite uma aproximação ao que se reconhece como "eventos de fala", como também um acercamento à pérola do(s) sentido(s), contida nos "atos de fala", estes por sua vez concretizados em uma dada situação contextual, mediante ações orientadas socialmente, as quais respondem pelo processo de criação e recriação da linguagem de onde emerge, a meu ver, a denominada gramática "natural".

Nessa perspectiva, em lugar de concentrar esforços na pesquisa das estruturas formais, o que implica limitar qualquer estudo à interioridade de um sistema lingüístico, toma-se a tarefa não menos árdua de sondar a arquitetura da língua a partir de uma série de atos de fala contidos em textos (orais ou escritos). Assim é que um texto, caracterizando-se ao mesmo tempo como evento comunicativo e produto do discurso, constitui por excelência a unidade básica de análise. Em sua materialidade, o texto oral ou escrito permite-nos descrever e interpretar como as pessoas falam ou escrevem em diferentes contextos interacionais ou situações sociais. A escolha da dimensão textual, na delimitação da unidade analítica, direciona o método de estudo dentro da análise do discurso que trabalha com a língua em sua concretude. Como bem observa Marcuschi (2003), busca-se pesquisar as atividades lingüísticas situadas, em lugar de concentrar atenção em estruturas da língua descarnadas de seus usuários.

Na rota das atividades lingüístico-discursivas: o espaço da gramática

Julgo e defendo a idéia de que o uso concreto da língua falada, ouvida ou escrita, configurado nas atividades lingüísticas efetivadas em discurso, constitui o âmbito apropriado para se estudar a gramática (Silva, 2003a). Nesse ponto, encontro respaldo em propostas teóricas oriundas do paradigma funcionalista, tais como a de Paul Hopper (1987) e a de Michael Halliday (1975, 1989, 1994) entre outros. Para Hopper, a língua em uso constitui a fonte da qual emerge a gramática. Postura semelhante assume Halliday (1989), que aponta no uso da linguagem um processo do qual emergem estruturas funcionais. É preciso, aqui, destacar o aspecto de processo no termo "uso".

Conforme lembra Halliday (1975: 147), a linguagem evolui com a espécie humana e esta começou sem qualquer gramática. De acordo com o referido autor, a forma particular que toma o sistema gramatical da linguagem está intimamente relacionada com as necessidades pessoais e sociais que a língua tem de satisfazer, razão pela qual sugere que a gramática pode ser compreendida como "sistema de opções disponíveis na língua", sendo que "o falante ou escritor realiza suas escolhas dentro deste sistema, não no vazio, mas no contexto das situações de fala ou de escrita".

Um simples enunciado contextualizado, veiculado em uma sentença, permite-nos aproximar do lado funcional da linguagem. O esquema abaixo, que sintetiza as funções da linguagem propostas por Halliday (1975, 1978), reflete o que está por trás de uma sentença. Vejamos.

- função ideacional, que consiste na expressão do conteúdo, da experiência do falante em relação ao mundo real (incluindo as noções de tempo e espaço) e ao mundo interior de sua própria consciência -> implica transitividade (a sentença como processo – material, mental, relacional, verbal), uma vez que a linguagem estrutura a experiência e contribui para determinar nossa visão de mundo;
- função interpessoal, que consiste na interação entre a expressão dos papéis sociais, o desenvolvimento da personalidade do falante e a expectativa do interlocutor -> concerne ao modo/modalidade (a sentença como ato de fala), servindo para expressar tanto o nosso mundo interno quanto o nosso mundo externo;
- função textual, que consiste na construção e na organização de textos -> envolve tema e informação (a sentença como mensagem), o que permite ao ouvinte/leitor distinguir um texto de um conjunto de orações agrupadas ao léu, porque compreende coesão e ligações com contextos situacionais.

Ao defender que a função constitui propriedade fundamental da língua, Halliday (1994) sugere, em sua Gramática Funcional, que os processos de produção de sentidos aproximam discurso e gramática, uma vez que a sintaxe possibilita o acesso ao acontecimento discursivo por meio da análise que se pode fazer da organização da língua. Nessa perspectiva, a ressignificação da sintaxe revitalizada no discurso abre campo fértil de estudos, possibilitando traçar um paralelo entre o real da língua associado à estrutura e o real da história, ou seja, o acontecimento.

A gramática no âmbito da Análise do Discurso

Como já foi comentado anteriormente, a língua em uso constitui o lugar, a fonte em que surge a gramática considerada, aqui, como algo dinâmico que permite explicar as atividades lingüísticas na sua concretude, resultantes das necessidades do falante pertinentes à elaboração do pensamento, assim como às formas de ação, além das formas de representação e significação que constituem e constroem o mundo (interior e exterior de sua própria consciência). Ressalte-se que a lupa da Análise do Discurso volta-se para uma gramática de escolha (paradigmática) que emerge de usos comunicativos. Um olhar nessa direção leva a um escopo analítico que permite enxergar em que medida o discurso molda a gramática e é por ela moldado na continuidade do processo das atividades lingüísticas.[1] É nessa perspectiva que a gramática pode ser vista como um 'observatório do discurso', uma vez que a sintaxe da língua se dá na construção discursiva (Marandin, 1993). Como observa Ferreira (2000), a sintaxe ocuparia, assim, uma posição estratégica, constituindo um ponto de aproximação entre o discurso e a gramática no processo de produção de sentidos, mas não instância única de articulação entre forma e sentido.

Um exemplo da posição estratégica da sintaxe nos estudos do discurso pode ser apreciado na expressão *cadê.* Em estudo recente (Silva, 2003a), procuro mostrar que a referida expressão, ainda que estigmatizada por alguns gramáticos, dá nome, num momento atual de curta duração, a um programa de busca na internet. E o(a) internauta que dele faz uso não imagina, assim como alguns guardiões do idioma, que, sustentando a palavra substantivada na superfície discursiva, encontra-se uma estrutura lingüística submersa cujos sedimentos biográficos estão passíveis de resgate se navegarmos rio abaixo por meio dos tempos. Um breve olhar filológico permite esboçar a possível trajetória de um enunciado interrogativo que, carregando transformações de natureza pragmático-discursiva, sintática, morfológica, morfofonológica, inclusive com apagamentos (morfema zero)[2], chega a uma forma lexicalizada com razoável parte da carga semântica original, posto que tenha enfrentado uma série de variações, evidenciadas *grosso modo* nas seguintes mudanças:[3]

a) Que é feito de Vossa Mercê?
b) Que é feito de vosmecê/ vossemecê?
c) Que é feito de você?
d) Que é de você?

e) Que é dele/ Que dele?
f) Quedê/ Quédi?
g) Cadê?
h) cadê (forma lexicalizada)

Observe-se que a forma atual guarda em seu bojo a carga semântica (interrogação) do enunciado de origem. Enfocando a sentença primeva como um ato de fala - *Que é feito de Vossa Mercê?*, tem-se uma pergunta modalizada por uma atitude de reverência, concretizada em saudação que expressa um ato de polidez (motivado possivelmente pela personalidade do indagador diante da posição social ocupada pelo interlocutor) cristalizado, por sua vez, na presença da antiga forma de tratamento *Vossa Mercê.* Embora deva ter-se mantido num tempo real de longa duração (período monárquico, imperial e de colonização), tal atitude de polidez começa a desaparecer dessa maneira de cumprimentar, coincidindo, talvez, com a variação semântico-pragmática no uso discursivo da forma do pronome de tratamento *vosmecê* e *vossemecê.* Cabe, aqui, registrar que já no português antigo começou uma variação quanto ao emprego da pergunta dirigida também para referentes inanimados, além de pessoas socialmente e/ou politicamente situadas no *continuum* de mais intimidade a menos intimidade. Esse fenômeno de natureza semântico-pragmática contribuiu, a meu ver, para intensificar o processo de mudança lingüística em nível estrutural.

Estrutura do discurso: padrões recorrentes

Hopper (1987) sugere que a gramática se origina dos padrões recorrentes de discurso. Esclarece o autor que quanto mais útil for uma construção mais ela será estruturada, no sentido de atingir uma consciência textual. Isso evoca as idéias defendidas por Barbara Johnstone (2001: 165), para quem forma e função textuais constituem o resultado parcial de outros textos, incluindo a finalidade a que servem. De acordo com Hopper, a gramática não pode ser compreendida em termos de pré-requisito para o discurso, uma vez que suas formas não são fixadas temporalmente, mas negociadas na interação face-a-face, de modo que refletem as experiências passadas do falante, bem como seus interesses pelo contexto presente, incluindo de maneira especial seus interlocutores, cujas experiências e formas de avaliação podem ser diferentes.

Essa maneira de enfocar a gramática está ausente dos contextos escolares. Resgatá-la, principalmente para favorecer o ensino do vernáculo, equivale a uma maneira de revestir os estudos gramaticais de um *glamour*, termo original do inglês cujo sentido etimológico remete não só à idéia de charme, mas principalmente à noção de gramática, considerada como arte de bem dizer. Um discurso que revela engenho e arte equivale a uma operação ditosa realizada de maneira criativa. Uma criatividade que, por sua vez, implica uma questão de posse de um repertório de estratégias para construção do discurso. A propósito, falar de criatividade obriga-nos a rememorar o pensamento de Carlos Franchi, cujo famoso ensaio "Criatividade e gramática" mantém acesa a "necessidade de recuperar, no estudo gramatical, a dimensão do uso da linguagem" (2000:154).

Por outro lado, como bem observa Hopper (*op.cit.*), uma extensão considerável da linguagem do dia-a-dia desenvolve combinações de partes pré-fabricadas. Isso equivale a dizer, sempre segundo Hopper, que a língua pode ser vista como um pastiche, que reúne elementos meio prontos, o que o leva a evocar as idéias de Wittgenstein (1958:120), para quem a língua é para ser enfocada nas palavras, para fora, o que significa ser ela governada não apenas pela internalização mental representada por regras, mas pela preexistência material com que o discurso pode ser criado. Isso evoca a possibilidade de atuação de duas forças na criação do discurso, representadas pelas motivações cognitivas e interacionais, tema que será enfocado a seguir.

Motivações cognitivas e interacionais

À lingüística que cuida do discurso interessa não só o aspecto funcional da linguagem, mas também os processos de compreensão e produção da linguagem, além de toda uma gama de repertório formal que há nas línguas. Um repertório que se produz em decorrência da interação de diferentes pressões funcionais ou motivações cognitivas e interacionais que geralmente entram em competição, mas não de modo exclusivo, já que podem apresentar uma congruência ou convergência, capazes de promover padrões estruturais que, pela recorrência, tornam-se gerais e, muitas vezes, universais, conforme sugere Du Bois (1985). Algumas motivações cognitivas e interacionais em constante competição costumam levar um grupo, ou uma comunidade, a eleger determinadas formas de falar ou de escrever, gerando um padrão evidenciado no fenômeno da repetição lexical ou estrutural (Silva, 1996).

A meu ver, essas duas dimensões, associadas respectivamente ao processamento (compreensão e produção) e ao caráter dialógico da linguagem, alimentam a possibilidade de uma convergência entre os estudos do discurso e da gramática. Trata a primeira de explicações que envolvem recursos e processos cognitivos que utilizam os interlocutores ao compreenderem e produzirem a linguagem. A segunda dimensão, por sua vez, concerne à dinâmica das situações de interação em que se produz e se consome a linguagem. Trata-se de duas dimensões que não se excluem. O que mais cabe destacar é que ambas permitem um acercamento à forma. Pode-se afirmar que ambos constituem maneiras de estudo que, na busca à pérola da melhor forma estutural e estruturante da comunicação verbal humana, encontram-se inter-relacionados.

No que concerne a uma parte da dimensão cognitiva, a compreensão, T. Van Dijk (2000:44) esclarece o seguinte:

> O processo de compreensão concreto é sempre um procedimento tentativo permanente (*on line*), que permite a reinterpretação contínua. Assim, a análise mental e parcial de um fragmento de texto pode interagir com a ativação e a adaptação contextual de conhecimentos gerais e opiniões na memória.

Para entendermos as motivações cognitivas e interacionais que viabilizam a mesma rota ou direção nos estudos da linguagem, vale destacar, ainda, uma breve reflexão acerca de dois processos conhecidos como ascendente e descendente, enfocados por Van Dijk (2000:44), para quem os processos ascendentes [*bottom-up* ~ de baixo para cima] de compreensão de palavras podem combinar-se com "suposições" abstratas com relação à estrutura esperada de uma oração, de uma narração ou de uma conversa, sendo estas últimas oriundas do processo descendente [*top-down* ~ de cima para baixo].[4] Observe-se que isso ocorre desde o processamento de uma oração, passando por uma interação dialógica, plasmada na escrita ou concretizada nos atos de fala das trocas conversacionais, até uma página literária ou mesmo uma narração oral espontânea. Em poucas palavras, e sempre segundo Van Dijk, vários módulos cognitivos podem operar ao mesmo tempo para realizar tarefas especializadas, como o processamento das palavras, da estrutura das sentenças, além da coerência semântica, dos atos de fala ou do fecho de uma conversa.

Para finalizar esta seção, ilustro com um poema de Manoel de Barros (1999) uma das muitas maneiras de se apontar a importância da gramática na tessitura do discurso, principalmente no que concerne à produção, instância que coloca em evidência o caráter imanente da criatividade na recriação de estruturas.

> Descobri aos 13 anos que o que me dava prazer nas leituras não era a beleza das frases, mas a doença delas.
> Comuniquei ao padre Ezequiel, um meu Preceptor, esse gosto esquisito.

Eu pensava que fosse um sujeito escaleno.
– Gostar de fazer defeitos nas frases é muito saudável, o Padre me disse.
O Padre falou ainda: Manoel, isso não é doença, pode muito que você carregue para
o resto da vida um certo gosto por nadas...
E se riu.
Você não é de bugre? – Ele continuou.
Que sim, respondi.
– Veja que bugre só pega por desvios, não anda em estradas.
Pois é nos desvios que encontra as melhores surpresas e os ariticuns maduros.
Há que apenas saber errar bem o seu idioma.
Esse Padre Ezequiel foi o meu primeiro professor de agramática.

Marcando um gênero próximo de uma narrativa, o texto-poema evidencia um metaconhecimento das operações cognitivas e uma habilidade em trabalhar a linha discursiva, além de mostrar que o saber gramatical deve vir atrelado à criatividade no uso da linguagem, cuja magnitude se evidencia na dimensão dialógica. No dizer de Bakhtin (2000:282), "a língua penetra na vida através de enunciados concretos que a realizam, e é também através dos enunciados que a vida penetra na língua". Manuel de Barros, ao expressar sua maneira de interagir com o mundo exterior, posicionando-se sobretudo em relação às normas prescritivas da tradição gramatical, retrata a realidade lingüística de sua região. Para tanto, seleciona estruturas próprias da língua oral (tal como: *que sim, respondi*), que se distanciam dos padrões clássicos preconizados pela gramática tradicional, ilustrando de maneira cristalina, iluminada por uma sinceridade ímpar, como a vida penetra na língua, o que nos permite apreciar como o funcionamento social da língua se reflete nas estruturas lingüísticas. Eis, pois, alguns dos caminhos que se cruzam no percurso do discurso e da gramática, evidenciando motivações cognitivas e interacionais.

Considerações finais

Nas seções anteriores, procurei mostrar que há várias maneiras de se abordar a gramática sem distanciá-la dos componentes semânticos e discursivos. As atividades lingüísticas contextualizadas, atualizadas nos enunciados concretos, permitem identificar nos processos cognitivos de compreensão e produção da linguagem motivações cognitivas e interacionais que justificam a presença de estruturas que geram a gramática da língua. E é justamente o fato de a gramática constituir uma estrutura cognitiva que a faz ser sensível a uma realidade social que a molda e é por ela moldada na continuidade das atividades lingüístico-discursivas.

Ao final deste estudo, pode-se afirmar que para pesquisar e, em condições propícias, ensinar a gramática de uma língua natural é preciso considerar tanto a dimensão cognitiva quanto a interacional. Isso porque não se pode buscar a interioridade de um sistema desprezando as forças externas que integram o lado sociocognitivo-interacional, responsável maior pela existência da linguagem humana.

Notas

[1] Embora dentro de um escopo teórico distinto da análise do discurso, tal concepção é encontrada também em Maria Helena Moura Neves (2002:173), para quem a gramática além de ser " flexível, porque é ajustável a partir de centros categoriais, ou núcleos nocionais" mostra, na verdade, que "se molda por acomodação, sob pressões de ordem comunicativa, isto é sob pressões discursivas". Ver também Rodrigues Silva neste volume.

[2] De acordo com Talmy Givón (1979), o processo de mudança de uma forma lingüística envolve ondas cíclicas assim caracterizadas: discurso > sintaxe > morfologia > morfofonologia > zero. Ver Silva (1999).

[3] As formas listadas acima resultam de documentos de língua oral e de língua escrita que venho colhendo desde 2000 dentro do projeto "Configurações discursivas e gramaticais em textos antigos e atuais: a vitalidade das palavras", ligado à linha de pesquisa Discurso e Interação em Contextos Institucionais do Programa de Pós-Graduação em Lingüística da UnB.

[4] Cabe, aqui, registrar que os pesquisadores cognitivistas concordam que a compreensão não é um processo completamente *botton-up* [de baixo para cima]. De acordo com Graesser *et alii* (2000: 434), "Não se trata da possibilidade de que a sintaxe inicie e termine o processamento antes que a semântica comece ou que esta se complete antes que os processos discursivos se iniciem".

Referências bibliográficas

BARROS, M. *Para encontrar o azul eu uso pássaros*. Campo Grande: Saber Sampaio Barros, 1999.

BAKHTIN, M. *Estética da criação verbal.* 3.ed. trad. Maria Ermantina Galvão, ver. trad. Mariana Appenzeler. São Paulo: Martins Fontes, 2000. (*Estetika Slovesnogo Tvortchestva,* 1979).

BEAUGRANDE, R. *New Foundations for a science of text and discourse*: cognition, communication, and the freedon of access to knowledge of society. Norwood: New Jersey, Ablex, 1997.

DU BOIS, J.W. Competing motivations. *In*: HAIMAN, J. (Ed.). *Iconicity in syntax*. Amsterdam: John Benjamins Publishing Company, 1985.

FAIRCLOUGH, N. *Discurso e mudança social.* coord. trad. Izabel Magalhães. Brasília: Editora Universidade de Brasília, 2001. (*Discourse and social change,* 1992).

FRANCHI, C. Creatividad y gramática. *Lingüística*, vol. 12. Brasil: ALFAL, 2000, p.125-174.

GIVÓN, T. *On understanding grammar*. New York: Academic Press, 1979.

GRAESSER, A.C. *et al*. Cognición. *In*: VAN DIJK, Teun (Comp.). *El discurso como estructura y processo*. Barcelona: Gedisa, 2000. p. 417- 452.

HALLIDAY, M.A.K. The place of 'functional sentence perspective' in the sistem of linguistic description. *In*: *DANEŠ, F.* (Ed.). *Papers on functional sentence perspective*. Praga: Academic Publishing House, 1974. p. 43-53.
_____. Estructura y función del lenguaje. *In*: LYONS, Jonh (Ed.). *Nuevos horizontes en la lingüística*. Madrid: Alianza, 1975.
_____. As bases funcionais da linguagem. *In*: DASCAL, M. (Org.). *Fundamentos metodológicos da Lingüística.* São Paulo: Global, 1978. p. 125-161. v. 1.
_____. *An introduction to functional grammar*. 2.ed. Londres: Edward Arnold, 1994.

HOPPER, P. Emergent grammar. *Berkeley Linguistic Society, 13*, 1987, p. 139-155.

MARANDIN, J.M. Sintaxe, discurso: do ponto de vista da análise do discurso. *In*: ORLANDI, Eni (Org.). *Gestos de leitura*: da história no discurso. Campinas: Editora da UNICAMP, 1994. p. 119-144. (*Syntaxe, discours du point de vue de l'analyse du discours,* 1993)

MARCUSCHI, L.A. Atividades de referenciação no processo de produção textual e o ensino de língua. *In*: *Estudos de linguagem*. Campo Grande: Editora da UFMS, 2003a. (no prelo)

NEVES, M.H.M. *A gramática*: história, teoria e análise, ensino. São Paulo: Editora UNESP, 2002.

SILVA, D.E.G. Gramática e contexto na perspectiva tridimensional do discurso. *In*: *Estudos de linguagem*. Campo Grande: Editora da UFMS, 2003a. (no prelo)

_____. O paralelismo dentro dos processos discursivos e gramaticais na fala e na escrita. *Revista do GELNE*, ano 1, 1999, p. 69-75.

_____. *La oralidad em el discurso narrativo escrito de adolescentes mexicanos*: el fenómeno lingüístico de la repetición. Tese de doutorado em Lingüísitca Hispânica, México: UNAM, 1996. 195p. (inédita)

TEIXEIRA, M.C.L. O lugar da sintaxe no discurso. *In*: INDURSKY, Freda & TEIXEIRA, Maria Cristina L. *Os múltiplos territórios da análise do discurso.* Porto Alegre: Sagra Luzzato, 1999. p.60-66.

VAN DIJK, T.A. El estudio del discurso. *In*: VAN DIJK, Teun (Comp.). *El discurso como estructura y processo.* Barcelona: Gedisa, 2000. p. 21-65.

DISCURSO, GRAMÁTICA E PRAGMÁTICA[1]

Jacob L. Mey

Introdução: gramática e discurso

Tradicionalmente, tem havido a compreensão de que a gramática é para lingüistas, enquanto a teoria do discurso pertenceria ao domínio das ciências da linguagem "aplicadas" e, como tal, não seria de interesse para os lingüistas. Nesta conferência, quero demonstrar que essa "cisão" implica um completo retrocesso à dicotomia saussuriana entre "*langue*" e "*parole*"; mas, também, que essa divisão de trabalho (embora possa ter sido útil), de modo algum significa uma separação de interesses ou a negação da existência de objetivos e propósitos comuns.

Talvez possamos captar melhor o *rapprochement* que ultimamente pudemos testemunhar entre lingüistas e teóricos do discurso, parceiros no "consórcio da linguagem", nos *slogans* pragmáticos de que "não há regras sem usuário", por um lado, e de que "não há discurso (ou usos da linguagem, em geral) sem regras e princípios". Nisso, a pragmática é vista como o ponto de unificação entre a gramática e os estudos do discurso: um implica o outro pragmaticamente e um necessita do outro para sobreviver. Voltarei a isto Revisitando o discurso e a gramática, abaixo.

A cisão saussuriana

Ferdinand de Saussure, muitas vezes chamado de "o pai da lingüística moderna", definiu lingüística como o estudo da *langue*, o sistema da língua, em contraste com o que realmente se fala, a *parole* (1949:37). Para Saussure, a *parole* é a totalidade do que as pessoas falam: "la somme de ce que les gens disent" (1949:38). Essa "totalização", entretanto, se realiza numa base individual: não há nada de social na fala das pessoas: "il n'y a rien de collectif dans la parole" (1949:38). E Saussure conclui o capítulo 4 de seu *Cours* com as palavras: "Nós nos concentraremos exclusivamente nesta última [isto é, na lingüística propriamente], a lingüística que tem a *langue* como seu objeto propriamente dito" (1949:39) – na medida em que ele não deseja admitir uma "linguistique de la parole".

A cisão saussuriana já era completa desde sua origem, e seria ainda aperfeiçoada nas teorias estruturalistas da linguagem que floresceram durante a maior parte do século passado. Quero apenas mencionar uma entre as muitas dessas teorias que podem ser postas sob o rótulo comum de "estruturalismo": a "glossemática", teoria desenvolvida pelo dinamarquês pós-saussuriano Louis Hjelmslev. Nessa teoria, a língua se define como um sistema, ao qual corresponde um processo; o sistema é necessário, o processo não. Se encontrássemos em algum lugar, em outro planeta, uma língua que fosse totalmente diferente de qualquer língua falada em nosso planeta, mas que tivesse, por exemplo, o mesmo sistema do latim, essa língua seria também latim, para usar um dos exemplos preferidos de Hjelmslev. Para Hjelmslev, o que as pessoas *fazem* com suas línguas é objeto de estudo do que ele chama um tanto pejorativamente de "filologia" – uma "pseudociência" que estuda "não a língua em si, mas os *disiecta membra* da língua, que não oferecem a possibilidade de compreensão da totalidade que a língua representa; [trata-se dos] *resíduos* físicos e fisiológicos, psicológicos e lógicos, sociológicos e históricos da língua [que se estuda], e não da língua em si" (1943:7; a tradução e a ênfase são minhas).

Os chamados "resíduos" que Hjelmslev descarta aqui de forma tão negligente são precisamente os elementos da língua que recebem preeminência quando estudamos o *discurso* tal como contido nos textos. Textos não servem apenas para fornecer espécimes lingüísticos, atestando a existência de certas estruturas internas da *langue* (tipicamente, os enunciados utilizados em livros-texto de lingüística, em sua maioria fabricados pelos próprios lingüistas); um texto, *qualquer* texto, é parte da *parole* de algum falante.

Textos representam palavras que provêm da mente e do corpo de pessoas vivas, e não de representações esquemáticas do tipo das "cabeças falantes", introduzidas primeiramente por Saussure, em seu *Cours*, e que pretendiam simbolizar "deux personnes, A et B, qui s'entretiennent" (1949:27; v. Figura 1).

Saussure's 'Talkings Heads'
(*Cours de linguistique générale*, Paris, 1916, p. 17)

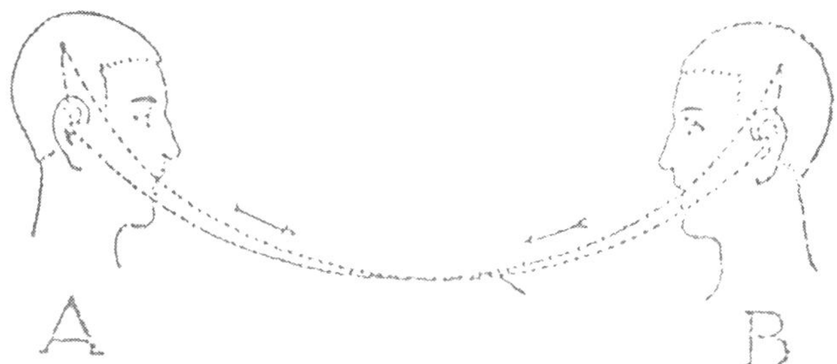

Fig. 1: Communicating heads
(after Saussure 1959:11)

É nas mentes e bocas de falantes reais, vivos, e não nas representações esquemáticas propostas por lingüistas e outros teóricos, que o estudo da linguagem como fenômeno *social* tem a sua origem. Também é aí que a real integração das disciplinas que lidam com a língua (quer dizer, não só com a *langue*, mas com a língua conforme seu uso na sociedade), de um modo ou de outro, pode acontecer.

Embora o próprio Saussure deixe em aberto a possibilidade de uma "linguistique de la parole" (se bem que com muitas reservas: "on peut parler", "à la rigueur", 1949:38), seus tradutores observam que "F. de Saussure n'a jamais abordé dans ses leçons la linguistique de la parole" (1949:197) – e por um bom motivo, como veremos.

Saussure e o "Outro"

Voltemos, por um instante, ao familiar esquema a que eu chamei (um tanto irreverentemente) de as "cabeças falantes de Saussure". Observe, primeiro, que Saussure aparentemente só está interessado "no que sai da boca", como diz a Bíblia (Mateus, 15:10). É verdade que Saussure coloca uma outra pessoa no esquema, o ouvinte; afinal, ele está falando de duas pessoas travando uma conversação. Mas o que acontece com essa outra pessoa? Ela funciona apenas como um receptor temporário do "acte individuel" do falante (1949:27). Uma vez que o falante termina de falar, o mesmo ouvinte se transforma em falante e produz o seu próprio ato individual de fala.

Contudo, essa "comunicação" entre A e B (se é que pode ser chamada assim) não só acontece exclusivamente entre suas cabeças, descartando completamente seus corpos decepados, os *disiecta membra* reais de que falava Hjelmslev, mas também se considera o contato entre os dois falantes como uma série de atos *individuais*, em que os falantes produzem seus próprios enunciados, sem nenhuma relação com o restante da sociedade. (Terei algo mais a dizer sobre corpos e "incorporação"; veja o item 7). É verdade que Saussure, na continuação, nos adverte que "impõe-se sair do ato individual, que não é senão o embrião da linguagem, e abordar o fato social" (1949:29); porém, para ele, esse fato social ("le fait social") é representado apenas pelo *sistema* da língua, a *langue*, enquanto o *ato* real da fala, a *parole*, serve apenas, em um sentido ancilar, para "lançar luzes sobre o estudo da *langue*" (1949:39).

Mais abaixo, voltarei ao conceito de "ato" na fala. Primeiramente, porém, introduzirei uma outra abordagem ao problema da *parole*, relacionada com o semioticista russo Mikhail M. Bakhtin.

Bakhtin e Saussure

Mais ou menos na mesma época em que Hjelmslev especulava sobre a língua como um sistema que "se apoiava em si mesmo", com suas próprias leis e estruturas (cf. 1943:7), um contemporâneo seu, mas desconhecido de Hjelmslev, também se debatia com o mesmo legado pós-saussureano de "leis e estruturas".

Refletindo sobre os *Cadernos do Subterrâneo*, o lingüista e semioticista russo Mikhail M. Bakhtin comenta criticamente a visão de Dostoyevsky sobre uma "tabela de logaritmos" que pudesse ser esboçada para explicar os eventos de nossa existência em seus mínimos detalhes (Dostoyevsky, 1965:30,31). Dostoyevsky descreve sua concepção como se segue:

"Todas as ações humanas, justamente por isso, serão então calculadas de acordo com essas leis [da natureza, JM], em termos matemáticos, como numa tabela de logaritmos, até 108.000, e gravadas em um almanaque..." (Dostoyevsky, 1965:30. cf. Morson e Emerson, 1990:37).

Isso lembra as especulações de Hjelmslev a respeito de uma álgebra lingüística, entendida como "um cálculo que nos habilita, independentemente de toda experiência... a implementar as ferramentas a serem utilizadas na descrição e compreensão de um texto e da língua na qual ele é construído" (1943:17).

O cálculo que Hjelmslev tem em vista aqui se fundamenta na noção de "*langue*" como definida por Saussure e adotada por ele sob o nome de *sistema* (da língua) - na realidade, um sistema de relações lógicas apresentado como "*langue*", com frases modeladas em proposições abstratas, a serem obtidas por meio de um conjunto de regras formais engenhosamente delineado, algo que, uma geração depois, viria a ser chamado de "gramática da língua" por Chomsky e sua escola.

Em oposição a isso, Bakhtin resolve a dicotomia saussuriana em favor da "*parole*", o *enunciado*. Ao contrário também de Hjelmslev e de outros formalistas, Bakhtin tem consciência dos perigos inerentes a uma concepção de leis e regras que tenta reduzir os fenômenos lingüísticos à mera realização dessas leis e regras, e que é tida como válida não só para os fenômenos sob observação, mas também para todos os fenômenos "possíveis, mas ainda não concebidos e talvez nem mesmo concebíveis" (cf. Hjelmslev, 1943:17).

O que fica de fora de tal sistema, a saber, o enunciado real, ultrapassa nossos esquemas descritivos e é reduzido ao *status* de "resíduo", como vimos acima. Para Bakhtin, tal concepção abstrata de língua reduz esse "resíduo" de enunciados a "um mero amontoado de fenômenos acidentais, incompreensíveis e inclassificáveis" (Morson e Emerson, 1990:39). Foi exatamente isso que Hjelmslev, usando um termo idêntico ("resíduos"; *udfældninger*, em dinamarquês; 1943:7), descartou de forma tão categórica, quando falou sobre os aspectos psicológicos, fisiológicos e sociológicos, entre outros que, por definição, são deixados de fora da "*langue*": o desvio transcendental do sistema lingüístico, como se pode chamar.

Como observam Morson e Emerson (1990:39), em seu excelente estudo sobre Bakhtin:

> Na visão de Bakhtin, quando Saussure abstraiu a langue da parole, o que sobrou, ou seja, a parole, só podia ser um fenômeno secundário, um domínio amorfo, à parte da investigação científica. Leis e resíduos são conseqüências gêmeas de um estilo de pensamento insustentável.

Consideremos agora como Bakhtin tenta resolver o problema do "Outro", o parceiro na interação lingüística.

Bakhtin e o "Outro"

Para quem trabalha na tradição bakhtiniana, a divisão do "fato social" da comunicação em papéis tais como "falante" e "ouvinte" está, *a priori*, contaminada pela distorção individualista que afetou a maior parte da lingüística do século vinte. Permitam-me citar o importante ensaio de Bakhtin, postumamente publicado, "Os Gêneros do Discurso" (1994 [1979]), em que ele discute precisamente a mesma passagem do *Cours* de Saussure que eu destaquei anteriormente.

> Na lingüística, até agora, persistem ficções tais como o "ouvinte" e o "receptor" (os parceiros do "falante")... Essas ficções produzem uma imagem completamente distorcida do processo complexo e multifacetado da comunicação verbal ativa. Cursos de lingüística geral (mesmo os cursos sérios como os de Saussure) freqüentemente apresentam descrições gráfico-esquemáticas dos dois parceiros da comunicação verbal – o falante e o ouvinte (que percebe a fala) – e fornecem diagramas dos processos ativos da fala do locutor e dos processos passivos correspondentes da percepção e da compreensão da fala pelo ouvinte. Não se pode dizer que esses esquemas são errados ou que não correspondem a certos aspectos da realidade. Porém, quando esses esquemas são apresentados como o todo real da comunicação verbal, eles se transformam em ficção científica. O fato é que, quando percebe e compreende a significação (o sentido lingüístico) do discurso, o ouvinte simultaneamente adota, para com esse discurso, uma atitude responsiva ativa... Toda compreensão de um discurso vivo, de um enunciado vivo, é inerentemente responsiva... Toda compreensão é prenhe de resposta e, de uma forma ou de outra, forçosamente a produz. (1994:68).

E Bakhtin (*Id.*:69) conclui:

> O desejo de tornar seu discurso inteligível é apenas um aspecto abstrato da intenção discursiva total e concreta do falante. Além do mais, todo falante como tal é, em maior ou menor grau, um respondente. Afinal, ele não é o primeiro falante, aquele que rompe o silêncio eterno do universo. Ele pressupõe não só a existência do sistema da língua que utiliza [cf. a idéia de Hjelmslev, de que o sistema é pressuposto pelo processo, 1943:10-11; comentário meu], mas também a existência dos enunciados anteriores – dele mesmo e de outros – aos quais seu próprio enunciado se vincula por algum tipo de relação.

O que devemos aprender dessa passagem é simplesmente o seguinte: em minha fala, eu não sou um "Adão bíblico", como diz Bakhtin (1994:94), inventariando e nomeando as coisas e distribuindo seus nomes pelo universo. Meu discurso é predeterminado pelos falantes e ouvintes anteriores a mim, pela comunidade de fala da qual faço parte. E já é "pós-determinado" em relação aos outros, meus futuros respondentes.

Noutro lugar, Bakhtin fala disso em termos de "dialogismo". Eu daria um passo a mais e chamaria o processo discursivo de um processo *dialético*, visto que o meu discurso depende totalmente do discurso de outros para chegar a existir; para poder ser falada, a minha fala invoca a fala de outros. Confiram:

> O papel dos outros, para os quais o enunciado se elabora, é muito importante... o papel desses outros, para os quais meu pensamento se torna, pela primeira vez, um pensamento real (e, com isso, real também para mim), não é o de ouvintes passivos, mas de participantes ativos na comunicação verbal (Bakhtin, loc.cit.).

Aqui, Bakhtin ecoa uma visão de uso da linguagem que já havia sido prevista na obra de Marx e Engels, quando eles caracterizaram a linguagem como "consciência prática" (1974:51) – noção que desenvolvi mais detalhadamente em meu livro de 1985, explicitando a interação entre prática e consciência como movimento dialético "pelo qual a consciência de nossa práxis societária se transforma em uma práxis societária da consciência. Essa consciência-práxis se chama *linguagem*" (Mey, 1985:219). Para Bakhtin, a dialética da comunicação se apresenta como um "índice substancial (constitutivo) do enunciado... [no] fato de dirigir-se a alguém, de estar voltado *para o destinatário*" (Bakhtin, 1994:95). Pelo fato de que o enunciado sempre se dirige a alguém, sempre "se volta para" um outro membro da comunidade (Bakhtin usou o verbo russo *obratit'sja*, "voltar-se para", para criar o termo técnico *obrascennost'* como designação desse ato), é que, sem isso, "não há e não poderia haver enunciado" (Ibid.:99).

O valor desse ponto de vista se torna claro quando consideramos as mudanças que acompanharam e aceleraram o gradual desaparecimento do paradigma estruturalista na segunda metade do século passado: antes de tudo, o surgimento da disciplina chamada *pragmática*.

Revisitando o discurso e a gramática

Acima, afirmei que discurso e gramática não são entidades opostas entre si: antes, precisam um da outra para existir. É verdade que falamos de "regras" gramaticais e preferimos dizer "princípios", no caso do discurso; mas isso se dá somente porque a pragmática, como ciência do usuário da língua e, conseqüentemente, da *parole*, tem tido dificuldades, desde o tempo de Saussure, em assimilar o ponto de vista gramatical, baseado em regras, sobre o sistema, a *langue*; e, naturalmente, o oposto também é verdadeiro.

Na maioria das vezes, a gramática é equiparada a um sistema de regras e, como tal (como já foi dito tantas vezes, por exemplo, Mey, 2001:67-68), não tem muito a oferecer para uma visão de língua baseada na não-previsibilidade do enunciado individual. Regras sintáticas prevêem a correção; princípios pragmáticos podem dar apenas uma orientação, uma idéia geral sobre para onde o enunciado vai, o que vai fazer (como no caso de um ato de fala), ou como atinge seus objetivos (por exemplo, usando a polidez ou a cooperação). Assim, parece não haver muito espaço para uma visão pragmática, digamos, da regra sintática. A regra ou funciona ou não funciona; portanto, o que a pragmática tem que ver com isso?

Contudo, refletindo e recordando que a pragmática diz respeito ao uso que as pessoas fazem de sua língua, pode-se refazer a questão acima, como se segue:

Como a pragmática pode contribuir com respeito ao *uso* de uma regra sintática no texto?

Em outras palavras: o que *faz* a regra, senão apenas indicar a correção ou a incorreção de uma sentença ou enunciado?

Embora seja um fato que a correção não é condição necessária para o enunciado ser compreendido "corretamente" (do contrário, ai de nós, a maioria dos usuários da língua), todavia o caso também é que um enunciado correto e bem formado *ceteris paribus* terá mais chance de ser compreendido, tanto de conformidade com a intenção do falante como de acordo com as possibilidades do ouvinte. No discurso, *o que* é dito pode ser mais importante do que *como* é dito; porém, em muitas ocasiões, o "como" pode ou contribuir bastante para "o que" ou impedi-lo substancialmente.

Na prática do ensino de língua, tem havido esforços para restringir o papel das regras gramaticais, considerando-as comunicativamente irrelevantes (como em diversas abordagens ao ensino de língua estrangeira, conhecidas como "métodos comunicativos") ou reduzindo o número de traços gramaticais que normalmente compõem o sistema de uma língua (como foi feito no caso de abordagens como a do Inglês Básico). Entretanto, tais esforços nem sempre trouxeram os resultados desejados.

É verdade que a abordagem comunicativa proporciona aos estudantes uma certa tranqüilidade em trocar respostas com falantes de outras línguas, sem precisar se preocupar demais com regras gramaticais ou com a justeza expressiva; por outro lado, a negligência da gramaticalização adequada freqüentemente resulta em uma espécie de fossilização, um estilo "meio Tarzan", que não é um bom modo de comunicação para coisa alguma, exceto nos níveis mais elementares dos detalhes práticos da vida (como quando o turista pede bebida em um bar, numa cidade estrangeira). No momento em que o estrangeiro – ou estrangeira – deseja se comunicar adequadamente com um nativo amigável sobre algum assunto de maior interesse, o problema é como formar sentenças simples que não pertençam ao repertório turístico padrão. Neste ponto, a gramática é necessária. As regras gramaticais constituem o quadro em que apoiamos nossos enunciados, por assim dizer. Se o quadro for frágil, nossos enunciados podem não ser fortes o bastante para superar o abismo intercultural, em que a compreensão de uma língua diferente freqüentemente depende de minúcias gramaticais e estilísticas que não podem ser captadas por uma abordagem comunicativa pura e simples.

Conquanto possam ser assim necessárias para a comunicação bem sucedida, também é verdade que regras dificilmente são suficientes: o que um enunciado pode *fazer* depende de outros fatores que não a observação de regras gramaticais. Esta é a razão por que pessoas como Grice insistiram em que precisamos de "princípios", mais do que de regras, para dar conta do fato de que os indivíduos, apesar de todas as imperfeições no uso real da linguagem, continuam entendendo uns aos outros. A questão sobre para que serve uma *regra* (um problema gramatical) se transforma, deste modo, na pergunta sobre para que serve um *enunciado* (um problema pragmático).

Lembramos, aqui, a teoria dos atos de fala, como o nobre esforço de esclarecer o que as palavras fazem: dada uma certa fórmula, que efeitos pode haver? (Um exemplo clássico é o batismo católico romano). Naturalmente, essa pergunta levanta um problema muito complicado, freqüentemente referido como o "contexto situacional", entendido ao mesmo tempo como uma precondição necessária para o sucesso do enunciado ("o real deflagrador do ato de fala") e como uma imbricação suficiente para a compreensão do conteúdo comunicativo ("a percepção do efeito perlocucionário do ato de fala"). O aspecto complicado é que, mesmo que pareça obedecer a todas as condições ilocucionárias e alcançar o efeito perlocucionário apropriado, um determinado ato de fala ainda pode não *ser* aquele ato de fala em particular, mas algo muito diferente. Por exemplo, a inocente pergunta sobre as habilidades de alguém, ou o despretensioso pedido de um pouco mais de tempo, podem se transformar, na prática, em um pedido ou numa ameaça (Compare o clássico enunciado expresso à mesa: "Pode passar o sal?" Ou a bem conhecida advertência sobre algo muito ruim que está para acontecer: "Um momento!", dita com forte ênfase e numa tonalidade ameaçadora).

Tais enunciados podem ser descritos e classificados de acordo com o que eles "são" intrinsecamente: um determinado ato de fala, que às vezes se transforma na versão *indireta* de uma outra coisa, e que "faz" essa coisa por meio da força das palavras enunciadas. A questão é: "Dadas essas palavras, o que elas podem fazer?" De modo inverso, não se faz a pergunta "Dada essa situação, de que palavras preciso para alcançar meu objetivo?", pois o verdadeiro problema, isto é, o problema da situação como "cúmplice" exterior, não foi atacado adequadamente. Aqui, a pragmática talvez tenha feito a sua mais importante contribuição, ao ressaltar que, na realidade, todos os atos de fala são mais ou menos "indiretos", ou seja, sua força provém da situação, de fora para dentro, por assim dizer, e não o contrário, como se o ato de fala definisse a situação de dentro para fora.

Para que um ato de fala obtenha sucesso, a primeira condição é que ele seja realizado de acordo com as circunstâncias situacionais que estão em vigor. Naturalmente, essa compreensão não é completamente nova: ela já havia sido formulada por Dell Hymes, em 1972, em seu bem conhecido artigo sobre os "eventos discursivos", e também por Levinson, em um artigo menos conhecido (reimpresso recentemente) sobre "tipos de atividade" (1978; reimpressão 1992). Resumidamente, o que esses pontos de vista têm em comum com o meu é que os atos que realizamos são condicionados pelas "disponibilidades" da situação, como tenho chamado, usando um termo originalmente devido ao psicólogo James J. Gibson (1979; Mey, 2001:220,221). Desta forma, todos os atos de fala (e não só os indiretos) são essencialmente *atos situados*; isso quer dizer que seu sucesso depende de até que ponto os seus realizadores são capazes de se ajustar às necessidades da situação e às "disponibilidades" dos usuários. O ato tem precedência sobre a palavra, mas a situação tem precedência sobre o ato.[2]

Para muitos teóricos do ato de fala, o problema do ato de fala indireto funciona como o canário na gaiola dos mineiros: ele nos alerta sobre a existência de perigos e problemas desconhecidos em nosso tratamento da linguagem em uso. O perigo, em nosso caso, é a confiança excessiva na configuração lingüística do ato, em vez de concentrar a atenção em suas condições situacionais; sem dúvida, uma mácula ou um legado da confiança cega no critério de "correção", nos estudos contemporâneos de sintaxe. Tal confiança pode nos fazer fechar os olhos para o que realmente está acontecendo; então, claramente, precisamos retirar a venda dos olhos e nos reorientar para a situação.

Assim, o papel da situação pode ser convenientemente descrito por meio da metáfora do movimento que empreguei anteriormente: enquanto a teoria clássica dos atos de fala parte das palavras do falante e traça toda a sua trajetória para uma situação esperada de sucesso, a visão pragmática parte da situação e tenta descobrir os elementos lingüísticos (e outros) bem sucedidos que correspondem ao ato desejado e à sua execução. O ato de fala situacional (como descrito em termos de "evento discursivo" ou "ato pragmático") substitui o ato de fala isolado como unidade básica de descrição. Esse movimento é centrípeto ("de fora para dentro"), enquanto o movimento anterior é centrífugo ("de dentro para fora"). Neste, perguntamos: "Que efeitos as minhas palavras têm nesta situação?"; naquele, a pergunta é: "Que palavras são apropriadas para a situação em que estou atuando?"[3]

Assim, a ênfase da descrição não são mais os atos de fala individuais (como foi para Searle e seus seguidores). A função do *evento discursivo* é compreensível somente em termos da linguagem usada; de modo inverso, o *ato de fala* individual só faz sentido no evento. Mais recentemente, essa visão obteve considerável apoio entre os antropólogos e lingüistas; assim, o antropólogo-lingüista Bill Hanks afirma que "o significado surge da interação entre língua e circunstâncias; ele não está encapsulado na própria língua" (1996:266), quer dizer, o significado não está codificado em unidades de sentido nem é administrado por meio de regras sintáticas.[4]

Uma mudança de paradigma

O tradicional paradigma de análise e estudo da linguagem sofreu mudanças drásticas no curso do século passado. De um paradigma estritamente orientado para a estrutura (que, por sua vez, substituiu o paradigma filológico clássico), passou-se a um paradigma pragmático, no sentido de que o foco do interesse não são mais as regras de uma gramática, mas os modos como os usuários praticam atos com suas palavras, na comunicação e no campo das ações.

Além do mais, o impacto inicial para essa mudança de paradigma não veio da lingüística, mas da filosofia da linguagem. Contudo, esta última também ficou presa a um modelo comunicativo (implicitamente adotado) da tradição lingüística (as "cabeças falantes") que se baseava em uma dupla falácia: não era capaz de reconhecer, como um todo, a pessoa daquele que se comunica e tentava explicar os fenômenos lingüísticos de dentro para fora, "centrifugamente", ou seja, partindo do falante (mais precisamente, da cabeça do falante). Essa abordagem *micropragmática* foi então gradualmente complementada por uma visão *macropragmática*, em que as questões passam a ser levantadas "centripetamente", quer dizer, partindo do mundo e de todo o contexto comunicativo e concentrando-se no falante individual como representante de um conglomerado social (ou "classe", na linguagem marxista).

A lição a ser conservada dessa abordagem *micropragmática* é esta: quando nos comunicamos, o que não dizemos pode ser tão importante, ou até mais importante, do que o que dizemos. As implicaturas griceanas são um exemplo primordial dessa tendência. A abordagem *macropragmática* acrescenta a isso a observação de que só podemos dizer aquilo que a sociedade nos habilita a dizer, isto é, as nossas "disponibilidades" (cf. Gibson, 1979). Essas "disponibilidades" têm a ver não só com o que está em nossas mentes, mas também, em larga medida, com o que mente *e* corpo podem transmitir; deste modo, quando se analisa a conversação, deve haver a exigência mínima de que a metodologia incorpore o papel do corpo (postura, olhar, expressão facial, respiração, e assim por diante): o corpo não só acompanha o discurso, mas é parte essencial do ato comunicativo total (ver Mey, 2001:223-227).

Considerações finais

Uma palavra final sobre o tema desta minha conferência, "pragmática, gramática e discurso", seria:

A gramática não determina a pragmática, mas também a pragmática não vive sem a gramática. Os princípios que a pragmática estabelece para a realização dos atos de fala ("micropragmática") devem ser complementados por regras que especifiquem o que é minimamente necessário para que as palavras do discurso sejam compreendidas ("macropragmática").

Por outro lado, embora a pragmática seja o princípio orientador do discurso, este pode violar os princípios pragmáticos em função de objetivos mais elevados. O caso da "zombaria" dos princípios griceanos me ocorre como um excelente exemplo. Não podemos descartar os princípios, mas certamente gostaríamos de poder infringi-los de vez em quando, a fim de obter um efeito especial (tal como acontece no caso das implicaturas; Greenall, 2002).

Como disse Voltaire, em sua irônica obra-prima, *Cândido*, "*il faut tuer um amiral de temps em temps pour encourager les autres*". Zombar dos princípios é necessário para mantermos nossa sanidade discursiva e para encorajar a produção de um discurso mais comunicativo e expressivo. Nem as regras nem os princípios são a palavra final; esta pertence exclusivamente ao usuário da língua.

Notas

[1] Tradução do original inglês por Benedito Gomes Bezerra, doutorando em Lingüística, na Pós-Graduação em Lingüística da UFPE, Recife.
[2] Basicamente, é disso que trata a teoria dos "atos pragmáticos"; veja o importante capítulo 8 de Mey, 2001.
[3] Meu uso dessas noções não deve ser confundido com os conceitos similares de Bakhtin, especialmente em sua obra "Discurso no Romance"; ver Morson e Emerson (1990:139,140).
[4] Ver Enfield (1998), para uma esclarecedora discussão sobre essa questão.

Referências bibliográficas

BAKHTIN, Mikhail M. The problem of speech genres. *In*: HOLQUIST, Michael & EMERSON, Caryl (Ed.). *Speech genres and other late essays*. trans. Vern McGee. Austin: University of Texas Press, 1994. p. 60-102. [1979]

DOSTOEVSKIJ, Fedor M. [Dostoyevsky]. *Zapiski iz podpol'ja*. (notes from underground). Letchworth, Herts.: Bradda Books, 1965. [1864]

ENFIELD, Nick. On the indispensability of semantics: defining the 'vacuous'. *In*: MEY, J.L. & BOGUSLAWSKI, A. (Ed.). *E pluribus una*: A Festschrift for Anna Wierzbicka. Odense: Odense University Press, 1998. p. 285-304.

GIBSON, James J. *The ecological approach to visual perception*. Boston, Mass.: Houghton Mifflin, 1979.

GREENALL, Ann Jorid Klungervik. *Towards a socio-cognitive account of flouting and flout-based meaning*. Trondheim: Norwegian University of Science and Technology, 2002. (Ph.D diss.)

GRICE, H. Paul. Logic and conversation. *In*: COLE, Peter (Ed.). *Syntax and Semantics*. New York: Academic Press, 1975. p. 41-58. v.9.

HANKS, William F. *Language and communicative practices*. Boulder, Col.: Westview Press, 1996.

HJELMSLEV, Louis. *Omkring sprogteoriens grundlæggelse*. Kobenhavn: Munksgaard. (Translated as: *Prolegomena to a theory of language* by Francis Whitfield. Bloomington, Ind.: University of Indiana Press, 1953. [1943]

HYMES, Dell. Models of the interaction of language and social life. *In*: GUMPERZ and HYMES (Ed.). 1972. p. 35-71.

LEVINSON, Stephen C. Activity types and language. *In*: DREW, P. & HERITAGE, J.(Ed.). *Talk at work*: interaction in institutional settings. Cambridge: Cambridge University Press, 1992. p. 66-100. Originally published in *Linguistics* 17(5/6):365-399. [1978/1979].
_____. *Pragmatics.* Cambridge: Cambridge University Press, 1983.
_____. *Presumptive Meanings*: the theory of generalized conversational implicature. Cambridge, Mass.: MIT Press, 2000.

MARX, Karl & FRIEDRICH Engels. *Die deutsche Ideologie*. Berlin: Dietz, 1974. (MEW Band 3). [1848]

MEY, Jacob L. *Whose language? A study in linguistic pragmatics*. Amsterdam & Philadelphia: Benjamins, 1985.
_____.*Pragmatics*: an introduction. 2.ed. enlarged and revised. Oxford & Boston: Blackwell, 2001. [1993]

MORSON, Gary S. & CARYL, Emerson. *Mikhail Bakhtin*: creation of a prosaics. Stanford, Calif.: Stanford University Press, 1990.

SAUSSURE, Ferdinand de. *Cours de linguistique générale*. Paris: Payot, 1949. [1916]

SEARLE John R. *Speech acts*: an essay in the philosophy of language. Cambridge: Cambridge University Press, 1969.

PARTE II – DISCURSO E MÍDIA

A VOZ E O *ETHOS* MÉDICO-CIENTÍFICO NO TEXTO DE INFORMAÇÃO PUBLICITÁRIO

Maria Carmen Aires Gomes

Discurso e mudança social

Fairclough (1997:82) observa que "as mudanças socioculturais influenciam as mudanças discursivas", isto é, o funcionamento do discurso está intrinsecamente associado à dialética entre discurso, poder e sociedade. Com base na dialética discursiva, tanto as mudanças discursivas como as mudanças sociais só se realizam por meio da articulação, desarticulação ou recontextualização das ordens do discurso. As relações entre vida social contemporânea e discurso, incorporadas às noções de ordens do discurso e interdiscursividade e seus mecanismos operacionais são o ponto de partida da nossa discussão neste momento.

A ordem social do mundo tem sido reorganizada em função de uma nova ordem capitalista: novas tecnologias, novos modos de coordenação econômica e a redução das relações de produção em relações de consumo (Giddens,1984; Harvey 1989; Warnier,2000). A nova ordem tem tornado a vida social uma grande desordem, e o instrumento para reverter tal confusão, nos termos de Fairclough (1999), é a linguagem – lugar e suporte da mudança socioeconômica.

É na linguagem e por meio dela que se luta pela resistência às ou pela manutenção das relações de dominação e pela diferença. A linguagem está disseminada na vida social sob as convenções das ordens do discurso – cadeia de práticas sociais de uma instituição, com uma estrutura semiótica de diferença.

Habermas (1984) assinala que na sociedade moderna há uma divisão entre dois mundos: o mundo dos sistemas (poder e dinheiro) e o mundo da vida (esfera privada, família, esfera pública), e que está emergindo uma colonização do mundo da vida pelo mundo dos sistemas – em que as relações familiares da esfera privada estão sendo invadidas pelas formas econômicas, fazendo com que estas relações sejam tratadas como mercadorias e as regras sociais mais burocratizadas e tecnocráticas, resultando numa mudança tanto social quanto discursiva. Além desta colonização, há também invasão do mundo da vida no mundo dos sistemas, gerando relações sociais mais informais e familiares, sob o escudo da conversação.

O importante desta narrativa sobre os modos de vida social na esfera pública para compreendermos as implicações entre mudança social e discurso, sob o foco das ordens do discurso e da noção de interdiscursividade, é a tematização da colonização e da apropriação de um elemento por outro e a reação dos momentos discursivos a essas operações. A reação mais evidente é a luta para construir um espaço público para fins de efetivar formas de diálogo, por meio de práticas discursivas.

Fairclough (1989:164), ao discutir sobre discurso na mudança social, assevera que "este usurpar da economia e do estado sob a vida tem resultado em problemas na vida social, e na identidade social (...)"[1], mudando o foco ideológico da produção econômica para o consumo, transformando assim a esfera cultural. Argumenta ainda que as ordens do discurso estabelecidas hoje pelas instituições são as de consumo e publicidade, as da tecnologia e burocracia e as do discurso da terapia. Apesar de estarmos vivendo sob a égide destas ordens sociais discursivas, Fairclough (1989:216) acredita que a reestruturação da esfera pública "como espaço onde aspectos da vida social podem ser questionados e mudados sem pressões coercitivas e de interesse próprio" [2] possa conduzir a uma reflexão mais crítica no quadro das lutas hegemônicas pelo poder, que são travadas por meio da linguagem em uso.

Esse debate leva Fairclough (1992) a discutir as implicações do discurso na mudança social com base em três tendências discursivas: democratização (em 1998, substituída por conversacionalização), mercadologização e tecnologização.

Para Fairclough (1992:187), as mudanças "estão de acordo com as mudanças gerais dos valores culturais dominantes em nossa sociedade, que desvalorizam o elitismo profissional e estabelecem um alto valor para a informalidade, para a naturalidade". A realização efetiva de uma mudança se dá quando há formas de transgressão, atravessamento de fronteiras antes inacessíveis, novas combinações de códigos e elementos, conflitos entre domínios de experiência e um redesenhamento de novas ordens do discurso em locais antes inaceitáveis. A mistura de elementos formais e informais; o uso de vocabulário técnico e não-técnico; de marcadores de autoridade e familiaridade e a personalização sintética apontam uma aparente democratização do discurso. Para Fairclough (1989), este *mix* de elementos pode ser uma simulação discursiva ideológica, produzida por técnicas de poder.

Dessa forma, é na esfera pública que as ordens do discurso se estruturam, assim como é nelas que emergem as conjunturas de práticas discursivas que ora se articulam, ora se desarticulam, por meio dos mecanismos de colonização e apropriação, em função das lutas sociais instáveis pelo poder.

Essa abordagem preliminar sobre a mudança realizada entre discursos e gêneros, por meio do interdiscurso, operada por meio das noções de apropriação e colonização, pode ser constatada na superfície acidental e desigual de textos de informação pública, principalmente por meio das categorias de ethos e de voz (Fairclough, 1992). Interessa-nos, nesta reflexão, investigar os mecanismos interdiscursivos presentes no texto de informação pública que nos permitem perceber as categorias textuais e lingüísticas que instanciam outros gêneros e discursos (Pagano, 2001).

Texto de informação pública: um gênero de "contorno difuso"

O exemplo tomado para a análise é um texto de informação publicitário sobre um novo tipo de contraceptivo que está sendo lançado no mercado. O texto chama atenção inicialmente pelo seu *design* de contornos difusos: ao mesmo tempo que deixa transparecer características do gênero livro-cartilha (capa, verso da capa, orelha do livro, página de rosto, imagens coloridas, perguntas com respostas) é possível constatar as propriedades de um gênero publicitário. Esta tensão, inicial, presente no texto ora analisado representa um tipo de hibridismo característico desta nova ordem mundial que estamos vivenciando: a ordem do consumo, da tecnologização e da conversacionalização.

O texto de informação pública do contraceptivo Implanon talvez seja um exemplo de uma nova configuração discursiva baseada no hibridismo de informação técnico-científica e publicidade, ou seja, informar para vender.

A capa do "livro informativo-cartilha" é ocupada não só pela fotografia da metade do rosto de uma mulher meio sorridente e com um dos olhos pintados com as cores do produto: o contraceptivo Implanon, mas também por um texto-título indireto que não especifica que tipo de produto será divulgado "*Ser moderna é contar com mais praticidade no dia-a-dia*". Este texto-título, próprio tanto do gênero publicitário anuncia o conteúdo daquilo que se deve aprender, a maneira de se viver: moderna e prática.

No verso da capa, o tipo de linguagem usado pertence à publicidade:

> Prepare-se para uma revolução: Implanon

Aqui, tem-se o título, isto é, o anúncio publicitário, a fotografia do contraceptivo e a logomarca do produto no fim da página à direita, com o *slogan* promocional "*Prático como você*".

A tensão discursiva entre "informar-e-vender" se constata efetivamente nas páginas que se seguem: o texto alterna informações técnico-científicas com os elementos publicitários. Cada página traz um título publicitário com dois conjuntos de pergunta-resposta. O título direto expõe as vantagens do produto induzindo e selecionando o leitor de modo rápido e prático. Cada título traz consigo uma cor diferente: praticidade/rosa, planejamento/verde, liberdade/areia, eficácia/azul, bem-estar/laranjado. O conjunto de pergunta-resposta desenvolve o conteúdo do título em questão.

Na página 1 do texto de informação pública, por exemplo, o título traz em seu conteúdo uma das vantagens do produto: *Praticidade,* em letras grandes e na cor rosa. A ele está associado o seguinte conjunto de pergunta-resposta:

> O que é Implanon? É um método contraceptivo revolucionário. Um implante subdérmico da Organon que oferece até três anos de proteção total. Como funciona? Implanon é inserido debaixo da pele, na região do braço. Durante três anos, o implante vai liberar diariamente na corrente sangüínea as doses necessárias de etonogestrel para inibir a ovulação, evitando, assim, a gravidez.

Quanto à estrutura física do "livro informativo-cartilha", tem-se ainda a orelha, que é caracterizada como a extremidade da capa que se dobra para dentro, trazendo informações sobre o produto e comentários excedentes:

> Converse com seu médico sobre este conceito revolucionário de contraceptivo. E caso você queira mais informações sobre Implanon, ligue para X. A Organon terá imenso prazer em ajudá-la.

Traz ainda, logo abaixo, o nome do site na internet. Na parte externa da orelha, há nitidamente elementos pertencentes ao gênero publicitário: fotografia de uma mulher endereçando seu olhar ao leitor com a logomarca ao fundo, seguida de um texto bastante interpelativo e persuasivo, próprio da simplicidade do gênero publicitário, "*Agora você* ***decide*** *a melhor forma de se* ***prevenir****, sem se privar da sua* ***liberdade***". Para finalizar, a logomarca abaixo e no centro da página, seguida do *slogan*.

Estabelecida então a estrutura do gênero "livro informativo-publicitário cartilha", analisaremos neste momento como o dilema informação-publicidade se manifesta nas categorias e mecanismos lingüístico-discursivos e como estes constituem as mudanças sociais e discursivas e são constituídos por elas.

Dos mecanismos textuais e lingüísticos ao hibridismo discursivo

Começarei traçando as características daquilo que denomino de "livro informativo cartilha médica". O ponto de partida é o conjunto de perguntas auto-respondidas que controla os tópicos que, supostamente, são de interesse do futuro cliente-paciente do medicamento. As perguntas sinalizam questões que expressam dúvidas do paciente-cliente sobre praticidade do produto (o que é, como funciona), planejamento (quando devo optar, se eu mudar planos em relação ao produto), liberdade (quais são as vantagens, meu corpo mudará com o uso), eficácia (quais são os efeitos e riscos) e bem-estar (como se coloca e remove o medicamento).

As respostas manifestam o que Fairclough (1992) denomina de *ethos* científico ou de voz da medicina marcando o dilema, o conflito com a voz, supostamente, natural ou da experiência comum do paciente-cliente que tem dúvidas sobre o medicamento. Essa tensão marca o desenvolvimento dos tópicos do "livro informativo-publicitário cartilha médica" como uma conversação, algo natural da experiência cotidiana em que os tópicos se interligam durante uma conversa.

Apesar de o conjunto pergunta-resposta mostrar um desenvolvimento tópico interligado, como se a figura do médico estivesse conversando com o paciente-cliente sobre as vantagens de se usar tal método contraceptivo, as auto-respostas não deixam de ressaltar índices de formalidade e o distanciamento próprio da figura do cientista, por meio de elementos lingüísticos, tais como: nominalizações, processos verbais na passiva, índices de modalidade e tema marcado e não-marcado. Neste momento, investigaremos como a identidade social médico-científica e o *ethos* que traz consigo é construída neste texto "livro informativo-publicitário cartilha médica".

Como pontua Fairclough (1992), é importante que estabeleçamos inicialmente os participantes desta prática discursiva: de um lado, tem-se os leitores do "livro informativo-publicitário cartilha médica", na maioria dos casos mulheres que freqüentam consultórios ginecológicos ou médicos e, do outro lado, os produtores do texto: anunciante e agência publicitária. Por complemento, tem-se ainda as mulheres modernas: aquelas a quem se dirige o anúncio do contraceptivo, e o corpo médico que expõe as vantagens do medicamento.

A relação entre estes participantes é bastante dúbia e entrelaçada já que o produtor do texto (anunciante e agência publicitária) se identifica claramente com a voz médico-científica que responde às perguntas endereçadas ao cliente-paciente. A evidência disso está na seção intitulada "Eficácia", na resposta da primeira pergunta:

> **Em** nossos estudos **com Implanon, nenhum caso de gravidez foi registrado.**

No entanto é na voz da medicina que o ethos médico-científico se constrói claramente por meio, principalmente, do vocabulário técnico, reforçando o conhecimento prévio científico:

> [...] implante subdérmico da Organon, etonogestrel, amenorréia (ausência de menstruação), estrogênio, implante, incisão de 2mm.

Outro exemplo típico da voz médico-científica é o uso de orações explicativas que contribuem para a racionalização e argumentação técnica por meio, principalmente, dos processos verbais com estrutura passiva sem agente determinado:

> **"Implanon** é inserido **debaixo da pele, na região do braço"; Assim como a sua aplicação, a remoção** é feita **de forma simples**; uma vez inserido**, Implanon protege contra gravidez;** foi observada **a amenorréia (ausência de menstruação); nenhum caso de gravidez** foi registrado**; este método já** foi testado e aprovado **no mundo inteiro.** Tem sido bem aceito **pelo organismo; a inserção** é feita **em apenas alguns**

minutos, através de um aplicador, Implanon é colocado **na parte anterior do braço escolhido; a remoção também** é feita **rapidamente no consultório.**

Como se pode ver, há uma proporção bastante alta de passivas sem agente, indicando a omissão do agente, que, no caso, seria o corpo médico. É como se o contraceptivo Implanon agisse por contra própria, responsabilizando-se pelos próprias ações.

É importante destacar, neste momento, que a tematização de "Implanon e do seu funcionamento" indica que o "livro informativo-publicitário cartilha médica" omite a agência, que seria o corpo médico, adotando a perspectiva do medicamento e do seu funcionamento. Há, então, uma seqüência de temas não-marcados mostrando como a informação sobre o medicamento é organizada para melhor persuadir o leitor:

> Implanon, o implante, Implanon, a remoção, você, Implanon, o sangramento, a TPM, você, nenhum caso, este método, a inserção, o implante, a remoção, o médico.

Essa tematização mostra-nos a informação proeminente no texto: Implanon e seu funcionamento.

Cabe lembrar que, embora o gênero ora analisado mostre invariavelmente as propriedades de um texto médico-científico não podemos deixar de apontar a tematização de "você", construindo a identidade das mulheres práticas e modernas sujeitas aos procedimentos do Implanon. Essa tematização é uma marca do gênero publicitário e de sua simplicidade conversacional.

Outra questão importante sobre o tema são as escolhas marcadas que nos mostram as estratégias argumentativas usadas pelo produtor do texto. Segundo Fairclough (1992), os temas marcados, quando colocados em posição inicial, apontam para uma racionalidade técnica, dando coesão ao texto:

> [...] é, que, durante 3 anos, para, e, seja, assim como, além de ser, não, uma vez, com, sendo que, depois, através de, mesmo sendo, depois de.

A ênfase explícita dos elementos coesivos deixa transparecer mais uma vez o domínio da voz médico-científica.

Diante disso, é importante ressaltar ainda a evidência de nominalizações no extrato analisado. A combinação da nominalização com a passiva sem agente e a modalidade de futuro enfatiza a construção do *ethos* médico-científico. No nosso exemplo, as nominalizações desempenham a função de agente do processo médico:

> [...] o implante vai liberar, o método é, a remoção é feita, Implanon protege, o sangramento tende a diminuir, foi observada amenorréia, a TPM apresenta, nenhum caso de gravidez foi registrado, Implanon não possui, este método foi testado e aprovado, este método tem sido.

Tanto o agente como o beneficiário do medicamento contraceptivo são ofuscados em favor da ênfase dada ao medicamento.

Segundo Fairclough (1992), o tipo de processo verbal escolhido pelo produtor do texto tem significações ideológicas e culturais. No nosso exemplo, é visível o uso de processos relacionais ora identificando o medicamento/produto, ora atribuindo-lhe qualidades; pode-se dizer que o processo relacional é usado comumente no gênero publicitário para descrever o produto. Constatou-se também a presença do processo de ação dirigida, onde o agente (Implanon, implante, sangramento, remoção, método) age em direção a um objetivo específico, a contracepção e suas vantagens. As mulheres, modernas e práticas, destinatárias primeiras do "livro informativo-publicitário cartilha médica", também aparecem como agentes da ação de *buscar "um contraceptivo fácil"*. Embora o "livro" construa a identidade de uma mulher ágil, prática e moderna, o tipo de processo que aparece com freqüência associado à figura da mulher é o mental: aquela que sente, que percebe, que conhece os problemas ginecológicos de contracepção. Mulher que *"não deseja, não precisa se preocupar, sente, observa, pode ficar tranqüila"*.

Considerações finais

Embora tenhamos constatado várias propriedades lingüísticas que se relacionam com a noção de *ethos* médico-científico, é notória também a presença marcante de índices de informalidade e uma certa ênfase na naturalidade e na normalidade na figura do médico-cientista. Essa fusão da normalidade e naturalidade, característica do *ethos* do mundo da vida no *ethos* médico-científico deve-se ao hibridismo do informar-e-vender, da voz da medicina e da voz publicitária entrecruzando-se.

O conflito na interação dessas duas vozes pode ser visualizado nos seguintes exemplos:

(1) **"um implante subdérmico da Organon que oferece":** Neste exemplo, o verbo "oferecer", próprio da modulação de produtos e serviços divulgados coexiste com o vocabulário técnico "implante subdérmico".

(2) **Não precisa se preocupar: Implanon é facilmente reversível:** Este exemplo traz um caso típico de topicalização midiática, o aconselhamento "você não precisa se preocupar" aparece como a informação mais proeminente e a referência de destaque do Implanon, que aparece isolado na estrutura de uma oração reduzida técnica é minimizada pelo léxico "facilmente".

(3) **Além de ser um método bastante eficaz, você sente muito mais livre:** o método é sempre apresentado em termos impessoais, enquanto a informalidade é endereçada à beneficiária do produto. Outra questão bastante ideológica e freqüente na publicidade é a liberdade concedida por alguém às mulheres.

(4) **você pode ficar tranquila. Implanon apresenta a melhor eficácia...:** outra vez, aparece a técnica do aconselhamento junto à idéia de eficácia do medicamento.

(5) **a remoção também feita rapidamente no consultório pelo seu médico:** O uso da passiva combinado à nominalização é minimizado pelo léxico "rapidamente", sugerindo a simplicidade do método, característica central do texto em questão.

Enfim, essa mescla de sentidos sobre informações médico-científicas e publicidade é um exemplo típico do hibridismo discursivo pelo qual se caracteriza a sociedade contemporânea, em que o domínio do consumo e da mercadologização se entrecruza a outros domínios antes inacessíveis, como o da medicina. A personalização sintética, a conversação e o movimento colonizador da publicidade marcam as linhas de tensão e mudanças nas ordens do discurso, conjugando aspectos e traços distintos num só gênero.

Perceber tal hibridismo é estar atento não só aos processos de mudança sociocultural constituídos e construídos pelos recursos lingüísticos, mas também às forças e interesses que moldam e constituem as nossas próprias práticas discursivas.

Notas

[1] Minha tradução de: "*The impingements of the economy and the state upon life have resulted in problems and crises of social identity* [...]".
[2] Minha tradução de: "[...] *spaces where aspects of social life can be questioned and challenged without pressures of coercion and self-interest.*"

Anexo – Texto publicitário adaptado

Ser moderna é contar com mais praticidade no dia-a-dia (capa)
Praticidade + (corpo do livro)
O que é Implanon? É um método contraceptivo revolucionário. Um implante subdérmico da Organon que oferece até três anos de proteção total**. Como funciona?** Implanon é inserido debaixo da pele, na região do braço. Durante três anos, o implante vai liberar diariamente na corrente sangüínea as doses necessárias de etonogestrel para inibir a ovulação, evitando, assim, a gravidez.
Planejamento +
Quando devo optar por Implanon? Implanon é o método mais indicado para mulheres que buscam um contraceptivo fácil de usar e não desejam engravidar tão cedo, seja para planejar com segurança os intervalos entre os nascimentos dos filhos, seja para dar prioridade à carreira, seja para quem esteja considerando a hipótese de esterilização. **Se eu mudar os planos e resolver engravidar, o que faço?** Não precisa se preocupar: Implanon é facilmente reversível. Assim como sua aplicação, a remoção é feita de forma simples.
Liberdade +
Quais são as vantagens de usar Implanon? Além de ser um método bastante eficaz, você se sente muito mais livre, não precisando mais lembrar a hora de tomar seu contraceptivo. Uma vez inserido, Implanon protege contra gravidez durante três anos.
Meu corpo sentirá alguma mudança? Com Implanon, o sangramento tende a diminuir, sendo que, em 40% dos casos tratados, foi observada a amenorréia (ausência de menstruação). A TPM também apresenta uma importante redução.
Eficácia +
Não tenho risco de engravidar? Você pode ficar tranqüila. Implanon apresenta a melhor eficácia, comparado aos demais métodos contraceptivos. Em nossos estudos com Implanon, nenhum caso de gravidez foi registrado.

Posso ter algum tipo de efeito colateral? Implanon tem a mais baixa dose de hormônio e não possui estrogênio, responsável muitas vezes por náuseas e enjôos. Este método já foi testado e aprovado por mulheres no mundo inteiro. Tem sido bem aceito pelo organismo, com baixo potencial de efeitos colaterais.
Bem-estar +
Como Implanon é inserido? Depois de se decidir por este método de contracepção, a inserção é feita em apenas alguns minutos pelo seu próprio médico no consultório. Através de um aplicador, Implanon é colocado na parte anterior do braço escolhido, cerca de 6 a 8 cm da dobra, com anestesia local. O implante é invisível e não provoca incômodos, proporcionando proteção contra gravidez durante 3 anos.
Como Implanon é removido? Mesmo sendo um implante de longa duração, você tem total liberdade para solicitar a remoção de Implanon a qualquer momento. A remoção também é feita rapidamente no consultório pelo seu médico. Depois de localizar o implante, o médico fará uma pequena incisão de 2mm para retirar Implanon.

Orelha interna
Converse com seu médico sobre este conceito revolucionário de contraceptivo. E caso você queira mais informações sobre Implanon, ligue para 0800 704 2590. A Organon terá imenso prazer em ajudá-la. WWW.3anoscontracepcao.com.br

Orelha externa
Agora você decide a melhor forma de se prevenir, sem se privar da sua liberdade. Implanon 68 mg etonogestrel. Prático como você.

Referências bibliográficas

FAIRCLOUGH, Norman. *Discurso e mudança social*. coord. trad. Izabel Magalhães. Brasília: Editora Universidade de Brasília, 2001.
_____. *Discurso, mudança e hegemonia*. *In*: PEDRO, Emília (Org.). *Análise crítica do discurso*. Lisboa: Caminho, 1997.
_____. *Language and power*. London: Longman,1989.

CHOULIARAKI, L. & FAIRCLOUGH, Norman. *Discourse in late modernity*. Endiburgh: Endiburgh University Press, 1999.

GIDDENS, Anthony. *As conseqüências da modernidade*. São Paulo: Editora UNESP, 1991.

HABERMAS, Jürgen. *Mudança estrutural da esfera pública*. trad. Flávio Kothe. Rio de Janeiro: Tempo Brasileiro, 1984.

HALLIDAY, M.A.K. *An introduction to functional grammar*. London: Edward Arnold, 1985.

PAGANO, Adriana. Gêneros Híbridos. *In*: MAGALHÃES, Célia. *Reflexões sobre a análise crítica do discurso*. Belo Horizonte: FALE/UFMG, 2001.

UM CASO DE POLÍCIA: AS REPORTAGENS POLICIAIS EM DOIS JORNAIS IMPRESSOS BRASILEIROS, ABORDADAS À LUZ DA ANÁLISE CRÍTICA DO DISCURSO

Izabella dos Santos Martins Mendes

Introdução

As notícias sobre crimes publicadas em jornais brasileiros são, conforme pesquisa por mim efetuada em bancos de dados de bibliotecas universitárias, objeto de pouca atenção por parte dos pesquisadores em todas as áreas das Ciências Humanas.

Para grande número de leitores dos jornais de maior circulação nacional, notadamente "Folha de S. Paulo", "O Estado de São Paulo" e "O Globo", conforme venho observando sistematicamente, geralmente a leitura desse tipo de notícia não é alvo de maior interesse, e poucas vezes é priorizada, sendo quase sempre marginalizada.

Já os leitores dos jornais considerados "populares", como "O Dia", mantêm com as notícias sobre crime, via de regra, uma outra relação, de maior interesse. Essas notícias são priorizadas pelos próprios editores dos jornais: exemplo disso são as capas de "O Dia", em que, salvo raras exceções, aparecem fotos ou manchetes destacando as reportagens sobre crime.

As notícias sobre crime são para mim objeto de grande interesse porque podem representar o poder da mídia levado ao limite. Se um suspeito de um crime é tratado de forma muito parcial pela mídia, as conseqüências podem ser desastrosas, tanto para os envolvidos no crime quanto para a imagem do veículo de comunicação em questão, que pode inclusive ser alvo de processos e de perda de credibilidade.

Por ser jornalista, tenho também um interesse pessoal nas notícias sobre crimes, que são, via de regra, muito pouco discutidas nas faculdades de Comunicação Social, uma vez que são estereotipadas como sensacionalistas, como exemplos de jornalismo pouco "sério".

Os verbos usados na reportagem dos fatos dizem muito sobre o ponto de vista ideológico a partir do qual os profissionais da mídia estão reportando estes fatos. Uma vez que ainda há poucas pesquisas em Análise do Discurso e no campo de Estudos da Mídia em geral que tratam do tema dos verbos de relato, sendo que destas nenhuma se refere ao emprego destes verbos no gênero reportagem policial, pareceu-me interessante pesquisar o tema.

A escolha das fontes jornalísticas (termo usado para designar as pessoas, oriundas ou não de alguma instituição, que relatam um acontecimento vivenciado ou testemunhado por elas) também é altamente significativa no que diz respeito a ideologias, principalmente porque diferentes fontes trazem consigo diferentes discursos. Diferentes jornais dão maior ou menor espaço a diferentes fontes, e achei igualmente interessante fazer uma pesquisa detalhada sobre a escolha e o uso das fontes em reportagens policiais.

Com essa pesquisa, espero contribuir para clarear alguns dos aspectos imprescindíveis ao gênero: a escolha e o uso dos verbos de relato e das fontes nas reportagens policiais. Por meio dessa análise, é possível observar quais outros gêneros e outros discursos estão presentes nessas reportagens, o que diz muito sobre relações de poder.

Meu corpus de pesquisa de dissertação é constituído por 2 meses (fevereiro e março de 2002) de reportagens policiais publicadas nos jornais "Folha de S. Paulo" e "O Dia", respectivamente entendidos como protótipos de jornal de elite e de jornal popular. A "Folha de S. Paulo" foi escolhida pelo fato de ser o jornal de maior circulação nacional, e de ser usado como modelo por grande parte dos estudantes das faculdades de Jornalismo brasileiras, bem como por diversos jornais, que muitas vezes chegam ao ponto de adotar seu "Manual de Redação" sem qualquer consideração individual. Já o jornal "O Dia" foi escolhido por ser o único jornal popular que circula nacionalmente.

Para realizar a pesquisa quantitativa, usei as ferramentas "Wordlist" e "Concordance" do programa "Wordsmith Tools", usado em Lingüística de *Corpora*. De posse dos dados, contei todas as ocorrências de relato direto e indireto, relacionando-as às fontes cujas falas foram reportadas.

Observei também se as fontes usadas falavam em nome de alguma instituição ou não, e se havia maior ocorrência de discurso direto (com uso de aspas) ou indireto para cada tipo de classificação de fontes. De posse desses dados, observei se há um padrão de reportagem das falas em relação às fontes.

O refinamento qualitativo é oferecido pela Análise Crítica do Discurso, especialmente a teoria e a metodologia encontrados em Fairclough (1992).

A Análise Crítica do Discurso

É essencialmente a grande atenção dada à dimensão ideológica na construção do sujeito e, por conseqüência, na constituição do discurso, o que difere a Análise Crítica do Discurso das outras teorias sobre o discurso. Nesta teoria, o discurso é entendido como conjunto de afirmações sistematicamente organizado que dá expressão aos significados e valores de uma instituição: "Um discurso fornece um conjunto de afirmações possíveis sobre uma dada área, e organiza e dá estrutura ao modo como se deve falar sobre um tópico particular, um objeto, um processo" (Kress, 1985:7).

Na Análise Crítica do Discurso, este é, então, visto como um tipo de prática social, uma vez que ele constitui o social. A linguagem é vista como invariavelmente investida de poder e ideologias e capaz de constituir as dimensões do conhecimento, das relações e da identidade sociais. As ideologias são vistas como significações ou construções da realidade, como sistemas básicos de cognições sociais que regulam e organizam as ações e modos de representação dos membros de um grupo ou sociedade (Van Djik *apud* Pedro,1997).

A metodologia utilizada é o quadro tridimensional de análise proposto por Fairclough (1992). A primeira dimensão é a análise textual, que usa o aparato da Lingüística Sistêmica e Funcional de Halliday (1985). Na gramática funcional, a linguagem é entendida como um "sistema de sistemas, formulado como um conjunto de sistemas de traços lingüísticos, ligados em redes, que organizam as co-seleções opcionais e obrigatórias desses traços" (Pedro, 1997:31). A linguagem é vista como uma questão mais de probabilidade que de possibilidade.

A segunda dimensão é a análise das práticas discursivas (prática discursiva aqui sendo entendida, nas palavras de Magalhães (2001:17), como "a dimensão do uso da linguagem que envolve os processos de produção, distribuição e consumo dos textos, sendo variada a natureza desses processos dentre os tipos diferentes de discurso e de acordo com os fatores sociais"). Nesse nível da análise, há um interesse em desvendar a ordem do discurso, conceito muito utilizado na Análise Crítica do Discurso, e que significa a totalidade das práticas discursivas de uma instituição, e as relações entre elas.

A terceira dimensão é a análise da prática social, que tem em vista os contextos culturais e sociais maiores, levando em consideração, primordialmente, o conceito de hegemonia de Gramsci (*apud* Magalhães, 2001:17). O discurso é visto numa perspectiva de poder como hegemonia e de evolução das relações de poder como luta hegemônica.

Trata-se, enfim, de estabelecer a relação entre formas e funções da linguagem, tratando os autores e receptores de textos como atores ideológicos.

Muitos analistas do discurso que seguem essa tradição dedicam muita atenção à questão da mídia e, em minha opinião, respondem satisfatoriamente às questões levantadas concernentes a ela, daí minha opção pela abordagem da Análise Crítica do Discurso. Fairclough (1989:49) afirma que "O discurso nas mídias de massa é interessante porque a natureza das relações de poder inatas nele freqüentemente não é clara, e há razão para ver isso como envolvendo relações escondidas".

A Lingüística de *Corpus*

A Lingüística de *Corpus* (ou Lingüística de *Corpora*) trata da coleta e exploração de *corpora*, que é o plural da palavra *corpus*, em latim. Um corpus pode ser definido como:

> [...] um conjunto de dados lingüísticos (pertencentes ao uso oral ou escrito da língua, ou a ambos), sistematizados segundo determinados critérios, suficientemente extensos em amplitude e profundidade, de maneira que sejam representativos da totalidade do uso lingüístico ou de algum de seus âmbitos, dispostos de tal modo que possam ser processados por computador, com a finalidade de propiciar resultados vários e úteis para a descrição e análise [...] (Sanchez *apud* Sardinha, 2000:338)

É necessário que seu objeto seja constituído de textos autênticos, atestados pelo uso. Apenas coleções de textos compiladas e interpretadas segundo critérios lingüísticos podem receber a denominação de *corpus*.

Os *corpora* podem ser compilados para várias propostas. Entre suas propostas de usos mais comuns, podem ser citados a lexicografia, o uso dos dicionários como *corpora*, o estudo do inglês falado, a pesquisa sobre aquisição lingüística, os estudos da tradução, os *corpora* diacrônicos e a Análise do Discurso (Kennedy, 1999).

De acordo com Biber (2000), quando se trabalha com *corpus* as vantagens são a inclusão de um grande número de textos, a consideração de várias características lingüísticas e a comparação que pode ser feita entre registros, pois esses itens, de acordo com o autor, são extremamente difíceis de trabalhar manualmente. Assim, a utilização da Lingüística de *Corpus* ajuda a responder como textos de diferentes disciplinas variam no que diz respeito aos padrões de variação lingüística. A metodologia usada recorrentemente são ferramentas de programas de computação, como o Wordsmith.

A teoria da Lingüística de *Corpora* defende que as descrições baseadas em corpus devem ser vistas na perspectiva do uso particularizado da linguagem. Assim, na Lingüística de *Corpora*, a linguagem também é vista mais como uma questão de probabilidade (Stubbs, 1996) que de possibilidade, pois a visão que adota é de que a língua é usada de forma padronizada, por meio de colocações recorrentes.

O campo dos *media* e as instituições sociais

Os campos sociais ditam autênticas regras discursivas, modos de dizer conformes e convenientes (Rodrigues, 1988). Cada um dos campos sociais coexiste com uma multiplicidade de outros campos, e juntos fazem entre si a repartição das suas ordens axiológicas.

Características do campo dos *media*

O campo dos *media* tem sua legitimidade expressiva e pragmática delegada dos restantes campos sociais. Está, portanto, estruturado segundo os princípios da estratégia da composição dos diferentes campos. Observa-se, portanto, uma duplicidade de pertença, que é sem dúvida altamente contraditória: circulação pelos diferentes campos x pertença ao espaço público (interesse público).

Segundo Rodrigues (1988:155), "a legitimidade específica do campo dos *media* assenta na elaboração, na gestão, na inculcação e na sanção dos valores de transparência, de representação e de legibilidade da experiência fragmentada da sociedade atual". Para tanto, procede à elaboração de normas de apagamento cuidadoso das marcas da subjetividade, o que pode ser observado no discurso da objetividade e suas normas, empregadas sistematicamente no gênero notícias jornalísticas.

A neutralização, além das estratégias da objetivação (uso da terceira pessoa gramatical, camuflagem sutil do sujeito da enunciação), pode consistir na justaposição das posições dos diferentes campos a apresentar-se sob a figura do "dar a palavra a".

A reportagem, os verbos de relato e as fontes

As reportagens jornalísticas são, sobretudo, o relato do que as pessoas dizem sobre um fato. Por conseguinte, a questão de a quem é dado o direito à fala, e de como essa fala é reportada, é de crucial importância para uma análise crítica das notícias veiculadas pela mídia.

O relato direto ou indireto tem a função de legitimar o que foi relatado (Caldas-Coulthard, 1997). Além disso, a representação da fala torna a narrativa jornalística mais viva. "... introduzir participantes como falantes evidencia tanto a dimensão humana quanto a dramática dos eventos das notícias" (Van Djik *apud* Caldas-Coulthard, 1997). As fontes são aceitas em ordem hierárquica. Na deontologia jornalística, pessoas ligadas a instituições tendem a ser mais confiáveis que outras (Bell, 1991).

Feitas essas considerações, é ainda fundamental observar que o repórter só reporta aquelas partes da troca que são significativas para ele, de acordo com sua visão de mundo, a do veículo e a da instituição para a qual trabalha, a mídia (Coulthard, 1996).

Alguns resultados

De acordo com Caldas-Coulthard (1997), que baseou sua classificação em Halliday (1985), a representação da fala pode ocorrer de duas maneiras: por meio de discurso direto, em que ocorre construção das palavras, ou por meio do discurso indireto, em que se observa construção de significado.

Entre os dois extremos de um *continuum* que vai da representação mais direta possível da fala (fielmente reproduzida, sem interferência do autor) à mais indireta possível (quando há uma interpretação da fala), existem formas intermediárias. Há possibilidade, por exemplo, de reportar a fala indiretamente, introduzindo-a por um verbo discendi, que pode ser neutro ou ilocucionário. Há também a possibilidade de a fala ser diretamente reportada, mas introduzida por uma sentença, que pode ser mais ou menos interpretativa.

De maneira gera,l a classificação adotada neste trabalho é a seguinte:

- Verbos NEUTROS: são aqueles que não expressam nada além do ato locucionário. São os verbos *dizer*, *contar* e *falar*.
- Verbos ESTRUTURAIS: são os que marcam a estrutura da interação, como *perguntar*, *questionar*, *solicitar*, *responder*, *continuar*, *completar*.

- Verbos PERFORMATIVOS ILOCUCIONÁRIOS (METAPROPOSICIONAIS): são aqueles que interpretam o ato de fala, nomeando a proposição do falante. Como subclassificação, estes podem ser divididos em assertivos, diretivos e comissivos. De qualquer forma, os verbos deste grupo sempre significam algo além do ato de dizer.

O *corpus* analisado, referente a todas as reportagens policiais publicadas no jornal "O Dia" nos meses de fevereiro e março de 2002, é constituído por 1.282 relatos. Destes, 567 são relatos diretos e 715 são indiretos. Os verbos que prevaleceram no *corpus* foram os considerados neutros, como já era de se esperar.

Como procedimento metodológico, foi feito um levantamento de todos os relatos por meio das palavras e expressões indicativas de discurso direto ou indireto. Cada um deles foi relacionado à fonte. A divisão foi feita usando como critério o pertencimento ou não a alguma instituição. Entretanto, por si só esse pertencimento não foi considerado legitimador da representação institucional. Assim, se a fonte cujo relato foi publicado era, por exemplo, um professor universitário que estava falando sobre o testemunho de um crime, seu discurso não foi considerado institucional; se, ao contrário, sua fala era um parecer mais técnico ou se o tema da reportagem era a instituição para a qual trabalha, seu discurso foi considerado representativo da instituição Academia.

Pôde-se verificar um equilíbrio de fontes: 650 são relatos de fontes que não falavam em nome de instituições, e 632 são de fontes ligadas ao discurso das instituições.

As falas das fontes não-representativas de instituições foram reportadas de maneira equilibrada: 335 receberam relato direto e 340, relato indireto.

As falas das fontes policiais foram relatadas mais indireta que diretamente: 276 a 143, de um total de 419. Quando se engloba todos os relatos de fontes representativas de instituições, chega-se ao número de 234 relatos diretos e 381 relatos indiretos.

O verbo de relato *dizer* foi o que mais apareceu no corpus: 241 vezes, seguido de *contar*, 138 vezes, e *afirmar*, 78 vezes. Confirmando os resultados numéricos, como a maioria dos relatos aparece indiretamente, a palavra que mais apareceu na lista de palavras foi *segundo*, o principal item para introduzir relato indireto.

O uso de alguns verbos ILOCUCIONÁRIOS PROPOSICIONAIS recebeu especial atenção. Esses verbos foram considerados somente quando estavam iniciando ou finalizando um relato direto ou indireto:

- CRITICAR: há 9 ocorrências, sendo 5 do povo, 2 do Exército, 1 de deputado e um de representante comercial.
- DESABAFAR: 10, sendo 9 do povo e 1 de um advogado.
- INFORMAR: 20 ocorrências, sendo 16 delas de pessoas representantes de instituições. Dessa forma, o ato de informar seria visto quase que como direito exclusivo de instituições.
- QUEIXAR: 2, sendo um da Justiça e 1 do povo.
- ADMITIR: 19, sendo 10 do povo e 9 de representantes institucionais: polícia, agente penitenciário, Secretaria de Segurança.
- DECLARAR: 4, sendo 3 da polícia e 1 de diretor de empresa, o que indica que as vozes populares não têm direito a declarar, ao contrário das fontes oficiais.
- REVELAR: 10, sendo 4 da polícia, 3 de populares e 3 da instituição da mídia. Percebe-se, com isto, que o verbo é usado principalmente no sentido de descobrir algo antes encoberto.
- SUSPEITAR: 8, todas elas da polícia, aparentemente a única instituição a quem foi dado o direito de suspeitar publicamente de alguém.
- ANALISAR: 3, sendo 1 ligada à Academia, 1 à Justiça e 1 a um ex-PM. Neste jornal, o ato de analisar só foi concedido a instituições que publicamente assumem esta prática. É interessante observar que tampouco a polícia teve o direito de analisar.
- DISPARAR: 3 ocorrências, sendo 1 de especialista em armas, 1 da Polícia, 1 da Secretaria de Segurança. É interessante observar que o termo "disparar" é imediatamente relacionado a "atirar", que traz consigo uma carga essencialmente negativa.
- ROSNAR: 1 ocorrência, da Secretaria de Segurança.
- NEGAR: 18, sendo 13 de fontes não-institucionais e 5 de policiais.

Confirmando uma tendência já citada em Bell (1991), observa-se que o relato indireto aparece realmente muito mais vezes que o relato direto, consolidando-se como o principal traço do discurso noticioso. O relato direto aparece mais para dar credibilidade ao relato indireto, ou quando a fala reportada perderia muito se não fosse citada literalmente.

A polícia foi, em geral, representada de maneira essencialmente negativa, dadas as recorrentes reportagens de suas falas introduzidas por verbos com carga negativa, como admitir e negar, sempre referindo-se a acusações à polícia (muitas vezes implícitas) refutadas por ela. As falas reportadas introduzidas por criticar, desabafar ou queixar, na maioria das vezes, referia-se a queixas contra a polícia. O verbo rosnar, normalmente usado quando se fala em animais enraivecidos, foi usado para relatar fala do secretário de Segurança do Rio de Janeiro, o que dá uma idéia da forma como a polícia e as instituições a ela ligadas estão sendo representadas. Os relatos de testemunhas que não quiseram se identificar eram em grande número denúncias contra policiais. O fato de relatos das fontes institucionais terem sido reportados mais indireta que diretamente é significativo, porque de maneira geral relaciona-se o discurso indireto a uma menor credibilidade pela mídia, o que no caso do jornal "O Dia" estaria indo ao encontro do modelo de leitor construído por ele, necessariamente um leitor que teme a polícia.

As instituições que apareceram no *corpus* como fontes foram a Polícia, a Secretaria de Segurança Pública; a Justiça; a Mídia; a Igreja Evangélica; o Exército; a Academia; a Secretaria de Administração Presidiária; o Consulado Chinês; o Governo dos Estados Unidos; a Organização Internacional do Trabalho; a Medicina; a Psicologia; os Sindicatos; o Detran e o Departamento de Estradas e Rodagem, a Política, representada pelas vozes de representantes da Assembléia Legislativa, da Câmara dos Deputados, do Governo do Rio de Janeiro, do Governo Federal, da Prefeitura do Rio de Janeiro e de diretórios de partidos políticos; a Economia (por meio das vozes de representantes empresariais e comerciais). Do total de relatos, 27 foram extraídos de documentos dessas instituições, como inquéritos policiais e pesquisas.

É necessário observar que a dimensão social, uma das dimensões do quadro metodológico apresentado em Fairclough (1992), ainda não foi analisada, bem como o corpus do jornal "Folha de S. Paulo", o que me impossibilita de chegar, neste momento, a conclusões de maior porte e mais definitivas.

Referências bibliográficas

BELL, A. *The language of the news media*. Oxford: Blackwell, 1991.

BIBER, Douglas, CONRAD, Susan & REPPEN, Randi. *Corpus linguistics*: investigating language structure and use. 2nd.ed. Cambridge: Cambridge University Press, 2000.

CALDAS-COULTHARD, Carmen Rosa. *News as social practice*: a study in critical discourse analysis. Florianópolis: Pós-Graduação em Inglês/UFSC, 1997.

CALDAS-COULTHARD, C.R. & COULTHARD, M. *Texts and practices*: readings in critical discourse analysis. London: Routledge, 1996.

FAIRCLOUGH, N. *Discourse and social change*. Cambridge: Polity Press, 1992.

KRESS, G. *et al*. (m.s.). *Discourse Semiotics*. 1995.

KENNEDY, Graeme. *An introduction to corpus linguistics*. 2nd.impr. London and New York: Longman, 1999.

MAGALHÃES, Célia Maria (Org.). *Reflexões sobre a análise crítica do discurso*. Belo Horizonte: Faculdade de Letras, UFMG, 2001.

PEDRO, Emília Ribeiro (Org.). *Análise crítica do discurso*: uma perspectiva sociopolítica e funcional. Lisboa: Caminho, 1997.

RODRIGUES, Adriano Duarte. *Estratégias de comunicação*. Lisboa: Presença, 1988.

SARDINHA, Tony Berber. Lingüística de *corpus*: histórico e problemática. *Revista de Documentação de Estudos em Lingüística Teórica e Aplicada*, São Paulo, v.16, n.2, p.323-367, 2000.

STUBBS, Michael. *Text and corpus analysis*. Cambridge, Massachussets: Blackwell Publishers, 1996.

VAN DJIK, T.A. *News as discourse*. Hillsdale, New Jersey: Lawrence Erlbaun, 1988.

AÇÕES SOCIAIS DO GÊNERO INFORMAÇÃO CIENTÍFICA TRANSMITIDA POR MEIO DO JORNAL TELEVISIVO BRASILEIRO

Janaína Minelli de Oliveira

Introdução

A investigação de fenômenos lingüísticos a partir da perspectiva da semiótica social implica mais que um ângulo conceitual. Tal perspectiva demonstra um posicionamento intelectual e ideológico (Halliday, 1993:3). No presente artigo, uma língua é concebida como uma rede potencial de significados e processos de significação. Textos são materializações de significados, resultados de opções feitas na esfera estrutural para representação de processos semânticos com objetivos sócio-retóricos. Cada uma das múltiplas formas de expressão que uma língua oferece vincula-se a um posicionamento político e ideológico, elaborado histórica, discursiva e socialmente. Linguagem e estrutura social estão intimamente relacionadas e ambas fazem parte do sistema social (Halliday, 1993:4).

O ângulo que ora se toma para a interpretação do fenômeno social é a Análise Crítica do Discurso, dialogando com a teoria de gêneros do discurso e com o campo da Comunicação Social. O objeto de análise é a informação científica, quando transmitida a públicos não especializados em ciência por meio de telejornais brasileiros. Em trabalho anterior, Oliveira (2001) descreve o gênero discursivo *informação científica transmitida através do jornal televisivo brasileiro*[1]. O gênero é caracterizado, essencialmente, como um conjunto de eventos comunicativos televisivos que tem por objetivo sócio-retórico a reescrita de informação de natureza científica para uma comunidade de prática não especializada em ciência, no contexto semi-interativo da comunicação de massa. Oliveira lista traços opcionais do gênero, entre os quais informalidade, otimismo, celebração de descobertas e a repetição de idéias centrais ao longo da notícia.

Os eventos comunicativos desse gênero, textos midiáticos, são resultado de uma complexa rede de práticas discursivas de elaboração, recepção e distribuição textuais. Práticas discursivas relacionam-se com práticas sociais mais amplas (Fairclough, 2001: 35). A análise de textos, fundamentada pela compreensão das práticas discursivas que determinam sua circulação, permite que considerações sobre as práticas sociais com as quais tais textos colaboram não constituam meros comentários. Segundo Halliday (1994: XVI), toda análise deve ser fundamentada em uma gramática. Para o autor, a identificação de categorias funcionais deve amparar uma interpretação discursiva do fenômeno social. Entende-se aqui que tal interpretação não deve constituir um fim em si mesma, mas servir aos propósitos da análise crítica, que, segundo Fairclough (2001: 35), visa a:

> [...] explorar sistematicamente relações freqüentemente opacas de causalidade e determinação entre (a) práticas discursivas, eventos e textos, e (b) estruturas sociais e culturais, relações e processos mais amplos; a investigar como essas práticas, eventos e textos surgem de relações e lutas de poder, sendo formados ideologicamente por estas, e explorar como a opacidade dessas relações entre o discurso e a sociedade é ela própria um fator que assegura o poder e a hegemonia.

A língua é uma rede potencial de processos de significação, e textos são o resultado de escolhas feitas nessa rede de opções por sujeitos ou grupos socioculturalmente localizados para atingir objetivos retóricos. Opções características de comunidades ~~e~~ que compartilham características retóricas e estruturais constituem gêneros discursivos, que colabora~~ra~~m com ações sociais específicas por estarem vinculados a práticas discursivas. Um outro ingrediente deve ser acrescentado ao trabalho do analista: a relação entre as esferas da linguagem e do social. Fairclough (2001:33) afirma ser "vital que a análise crítica do discurso explore esses dois lados do uso da linguagem, o que é formado socialmente e o que constitui socialmente". O analista crítico do discurso defende o posicionamento de que o "uso da linguagem é sempre simultaneamente constitutivo de (i) identidades sociais, (ii) relações sociais e (iii) sistemas de conhecimento e crença – embora com graus diferentes de proeminência em casos diferentes" (Fairclough, 2001: 33).

A compreensão do gênero *informação científica transmitida através do jornal televisivo brasileiro,* de sua tessitura discursiva e das ações sociais com as quais colabora, passa, necessariamente, pela compreensão do processo de interconstituição entre as esferas lingüística e social. O jornal televisivo é, simultaneamente, constituído socialmente, a partir dos anseios e das transformações culturais, e constituinte do social de crenças, valores e identidades. No presente artigo, pretende-se explicitar as ações sociais com as quais o gênero citado colabora, por meio da análise de traços de sua tessitura discursiva descritos por Oliveira (2001).

O gênero informação científica transmitida pelo jornal televisivo brasileiro

O jornal televisivo é uma moldura estrutural e contextual de diversas classes de eventos comunicativos. Na atualidade, ele compete com outras janelas de engajamento[2], como a Internet, o jornal impresso, revistas, etc. Para sobreviver, o jornal televisivo elabora estratégias retóricas que buscam subverter a impessoalidade da semi-interação. Uma delas é a escolha, no sistema interpessoal, do modo interrogativo, fazendo-se uma interpelação, no caso do jornal televisivo, a partir de um lugar que tanto o locutor como o interlocutor podem ocupar. Segundo a Gramática Funcional, ao falar, o falante adota um papel interacional e, ao fazê-lo, atribui ao ouvinte um papel complementar. "Por exemplo, ao fazer uma pergunta, o falante assume o papel daquele que procura por informação e pede ao ouvinte que assuma o papel daquele de que provém a informação requerida" (Halliday, 1994: 68). Os trechos transcritos abaixo são parte do corpus da pesquisa de Oliveira (2001), já mencionado anteriormente. Ao fazer perguntas como as em negrito nos trechos seguintes, o jornalista atribui um papel diferente daquele de mero espectador da notícia a sua comunidade de prática:

> A maçã com casca se mostrou mais eficiente ainda: bloqueou sessenta por cento das células cancerosas. **Quantas maçãs uma pessoa precisaria comer para obter o mesmo efeito?** Segundo a pesquisa, apenas uma.
>
> Depois de dez anos de pesquisa, cientistas de seis países conseguiram mapear noventa e sete por cento do código genético.

> É o esboço mais completo do que é o ser humano. O resultado vai mudar radicalmente o tratamento e a prevenção de doenças. **Mas como? Por que?** O código genético está lacrado dentro de nossas células [...]
>
> A doutora Cathy Verbas utilizou o mesmo princípio da vacina contra a pólio: uma forma concentrada do vírus para destruir o próprio vírus. Mas isso já havia sido tentado antes contra a AIDS. **Por que funcionou desta vez?**

O jornalista não apenas age, informa, mas interage, ou seja, adota uma posição interacional, recorrendo à metafunção interpessoal da linguagem. Cria-se, dessa forma, o que Oliveira (2001) chamou de um tom informal, traço da tessitura discursiva do gênero, responsável pela diminuição da distância entre telespectador e jornalista, que cria uma certa intimidade ao simular uma situação de co-presença. Esta visa minimizar a impessoalidade da experiência semi-interativa, subvertendo-a discursivamente. O jogo de papéis proposto pelo jornalista é, pois, uma simulação. O deslocamento espaço-temporal entre os momentos da elaboração da notícia e de seu consumo produz um fluxo comunicativo monológico. Os próprios jornalistas respondem às perguntas que fazem. As perguntas transcritas acima são retóricas. O jornalista simula que seu interlocutor seja o telespectador, quando ele próprio responde 'as perguntas. Apesar disso, o jogo proposto subverte, ainda que por segundos, a fragmentação da semi-interação e simula uma situação de co-presença íntima entre o jornalista e sua audiência.

Um outro traço da tessitura discursiva do gênero *informação científica transmitida através do jornal televisivo brasileiro* é a celebração da descoberta (Oliveira, 2001). Pagano (1998) analisa o processo por meio do qual sucessivas reescritas do conteúdo informacional de uma descoberta científica operam para conferir progressiva legitimação e reconhecimento dos resultados anunciados. A autora apóia-se nos estudos do discurso científico realizados por Myers (1990a, 1990b, 1991, 1994), nos quais o pesquisador demonstra que a caracterização do trabalho do cientista como uma descoberta não é resultado direto da formulação de seu trabalho, mas fruto do processo de divulgação do mesmo por meio de sucessivas rescritas. Entre tais rescritas, aquelas operadas por gêneros de divulgação científica a públicos não especializados em ciência têm, segundo Pagano, papel significativo. Elas operam o que se poderia chamar de "marketing da ciência".

Geralmente o cientista apresenta seu trabalho em um congresso ou o publica em um periódico especializado. Segundo Myers, no entanto, são as reformulações que este texto inicial sofre que podem vir a caracterizar a pesquisa como uma descoberta e, por conseguinte, passar a ser celebrada como "divisor de águas" (Pagano, 1998). Uma possível leitura das pesquisas realizadas por Myers (1990a, 1990b, 1991,1994) e Pagano (1998) é que o reconhecimento do *status* de "cientificidade" de um trabalho, do *status* de um pesquisador como um "cientista" e de resultados de pesquisa como uma "descoberta" por públicos não acadêmicos, ou seja, não especializados em ciência, passa – talvez não exclusivamente, mas principalmente– por critérios de seleção de assuntos para divulgação dos meios de comunicação de massa.

O *corpus* de pesquisa de Oliveira (2001) é composto por 33 notícias, as quais, em sua quase totalidade, divulgam assuntos que podem ser relacionados às áreas biomédicas. Nenhuma das notícias divulga estudos da área das ciências humanas, ou ciências exatas, ou artes. Se o reconhecimento do *status* de cientificidade do trabalho de um pesquisador por públicos não especializados em ciência passa por critérios de seleção de assuntos das comunidades de prática dos meios de comunicação de massa, então pode-se dizer que o gênero ora discutido colabora para o reconhecimento dos pesquisadores das áreas biomédicas como cientistas e de seu trabalho como ciência. Pesquisadores das demais áreas de produção científica ficam excluídos desse processo de formulação midiática da identidade do cientista.

A análise do método de desenvolvimento temático das notícias que constituem o *corpus* de pesquisa ora discutido pode confirmar o traço discursivo do gênero da celebração da descoberta, bem como as implicações expostas acima. Na Gramática Funcional, o sistema tema/rema pertence à metafunção textual da linguagem. É ele que organiza a oração, demonstrando seu contexto local de interpretação em relação ao contexto geral do texto. Em inglês, português e várias outras línguas, o tema tem posição inicial na frase e tudo que o segue é chamado de rema (Halliday, 1994:37). O tema pode ser examinado a partir das três metafunções da linguagem — textual, interpessoal e ideacional —, sendo esta última o único estágio obrigatório em sua estrutura. Quando coincidem com o sujeito, com base na estrutura padrão SVO, os temas são chamados não-marcados, e quando não coincidem com o sujeito, marcados[3]. A escolha de um tema para uma dada oração se relaciona com a distribuição de informação textual, que pode enfatizar ou minimizar sentidos dependendo do modo como são estruturados. A progressão de temas no desenrolar de um texto é considerada seu método de desenvolvimento temático (Martin, 1997:22).

Segundo Martin (1997:26), "o princípio temático da organização de um texto pode ser visto como operando em unidades maiores que o de uma única oração". O argumento ora defendido é que é possível pensar em blocos iniciais de informação como temas a partir dos quais o restante das informações transmitidas deva ser interpretado. Considerando cada notícia do *corpus* de Oliveira (2001) um texto, é possível identificar temas para as notícias. Para identificá-los, foram usados como critérios limítrofes entre o tema e o rema (i) a mudança de falantes, (ii) o fim do anúncio da descoberta e início de explicações ou entrevistas relacionadas à notícia e (iii) mudanças no sistema semiótico visual, demarcando uma fase inicial e uma complementar na notícia.

O tema da notícia ganha proeminência ao ser anunciado em posição inicial. Ele é geralmente apresentado pelo jornalista-âncora do jornal nos estúdios de gravação da emissora, com variações no tom da voz e expressões faciais que ressaltam sua importância. É possível perceber que, com exceção de uma única notícia do *corpus*, todas as demais anunciam a descoberta na primeira fase da notícia, ou seja, em seu tema. No rema, são entrevistados cientistas, pessoas não especializadas em ciência, são dadas informações sobre a metodologia de pesquisa, sobre a trajetória dos pesquisadores, etc.

Considera-se aqui que o gênero *informação científica transmitida através do jornal televisivo brasileiro* é resultado de processos de rescrita de textos científicos. A forma de exposição de resultados de pesquisa em textos científicos, característicos da comunidade acadêmica, tais como o artigo científico, será aqui considerada não-marcada. Em relação a estes, a distribuição do conteúdo semântico da notícia sobre ciência em jornais televisivos pode ser considerada "marcada". Ao rescrever artigos científicos, nos quais uma revisão teórica e a descrição de objetivos e métodos de pesquisa vêem em primeiro lugar, o gênero *informação científica transmitida através do jornal televisivo brasileiro* enfatiza, em posição inicial, os resultados dos pesquisadores. Ao fazê-lo, a rescrita de gêneros acadêmicos tematiza os resultados, colocando-os em proeminência ao anunciá-los em posição inicial. Vejamos alguns temas transcritos do *corpus* de Oliveira (2001):

> As mais recentes descobertas mundiais sobre o câncer foram discutidas hoje num congresso em São Paulo: medicamentos poderosos capazes de combater o câncer de mama, próstata e pulmão, e, em alguns casos, evitar a doença. Uma das novidades mais animadoras é uma droga extraída de uma árvore européia.

> Uma fruta consumida há milhares de anos no planeta está sendo indicada pela Universidade de Cornel, nos Estados Unidos, como um remédio contra o câncer.

> Boa Noite. 'O homem entrou hoje num lugar que só Deus conhecia'. A frase é de Francis Colin, o representante do governo americano na comissão encarregada de decifrar o mapa genético dos seres humanos. O resultado desse trabalho foi anunciado hoje nos Estados Unidos e na Europa e é um sucesso.
>
> Cientistas americanos que pesquisaram a relação entre os alimentos e a saúde da pele descobriram que uma dieta pobre em açúcar e rica em proteínas é bastante eficaz contra as rugas.
>
> Pesquisadores comprovaram que depois de 40, depois dos quarenta, os homens que não cuidaram da alimentação na juventude aumentam as chances de ter um ataque cardíaco.
>
> Cientistas da NASA encontraram pela primeira vez evidências de que existe água em estado líquido na superfície de Marte.

Artigos e gêneros acadêmicos são elaborados segundo regras estabelecidas e transformadas histórica e discursivamente pela comunidade acadêmica. Recorrendo aos estudos de Ard (1983), Swales (1993:110) afirma que a forma embrionária do artigo acadêmico surgiu com o estabelecimento do primeiro periódico científico, *The Philosophical Transactions of the Royal Society*, em 1665. Tal forma embrionária teria sua origem nas cartas trocadas entre cientistas, nas quais mantinham-se informados sobre os resultados alcançados. Swales cita e discute vários autores que tentam descrever a macroestrutura do artigo acadêmico, como Stanley (1984), que propõe a estrutura problema-solução; Bruce (1983), que defende a estrutura Introdução-Métodos-Resultado-Discussão; e Hutchins (1977), que oferece uma modificação para a estrutura do artigo acadêmico proposta por Kinneavy, Dogma-Dissonância-Crise-Pesquisa-Novo-Modelo (Swales, 1993: 133). Para Swales, a elaboração de um artigo acadêmico é uma atividade complexa, mesmo para membros especialistas da comunidade acadêmica. Procurando descrever a estrutura recorrente em artigos acadêmicos e reconhecendo que tal estrutura varia nas diversas áreas de conhecimento, o autor propõe um modelo que busca caracterizar os movimentos discursivos em introduções de artigos acadêmicos. Segundo Swales, introduções de artigos acadêmicos são caracterizadas pela "necessidade de restabelecer aos olhos da comunidade discursiva a importância do campo de estudo; a necessidade de 'situar' a pesquisa apresentada em termos dessa importância; e a necessidade de mostrar como esse nicho no ecossistema será ocupado e defendido." (Swales, 1993: 141).

A pesquisa de Swales permite observar que gêneros acadêmicos, antes de proceder à exposição de descobertas, diplomática e estrategicamente, filiam-se a campos e linhas de pesquisa, situam-se nelas, para, somente então, ocupar seu próprio espaço e apresentar seus resultados. Como já foi dito, essa metodologia de exposição de resultados de pesquisa é considerada não-marcada. Como também exposto anteriormente, o gênero *informação científica transmitida através do jornal televisivo brasileiro* tematiza resultados, enunciando-os em primeiro lugar. Tal metodologia de enunciação é também estrategicamente elaborada e é aqui considerada marcada.

É interessante ampliar a análise exposta acima, que examina a estrutura temática da mensagem, contemplando a estrutura informacional, isto é, a distribuição de informação dada e nova no texto. Halliday (1994:299) explica que existe um forte relacionamento semântico entre essas duas formas de estruturação da mensagem. O tema é o que o sujeito ou falante escolhe colocar em evidência, situando-o em posição inicial, enquanto a informação tida como dada é aquilo que o falante já sabe, ou tem acessível para a interpretação da mensagem. Apesar de o sistema tema/rema estar relacionado àquilo que o falante considera seu foco e o sistema de informação dada/nova, ao que o ouvinte já sabe, a seleção de ambos é realizada pelo falante. É ele quem escolhe, no eixo parassintagmático, ou seja, na rede de potencialidades que a língua lhe oferece, que combinações deseja realizar.

Toda escolha é significativa. A forma não-marcada de estruturação da mensagem, de acordo com a Gramática Funcional, seria a combinação do tema com informação tida como dada e do rema com informação nova. Segundo Halliday, no entanto, a escolha de um padrão marcado, que combine o tema com informação nova, pode ser significativa em termos retóricos. Nas palavras do autor, "em um dado cenário ou conjunto de condições contextuais, o falante pode explorar o potencial que a situação define, usando a estrutura temática e a de informação para produzir uma espantosa variedade de efeitos retóricos" (Halliday, 1994: 300).

É preciso ressaltar que a informação tida como dada é selecionada pelo falante. Ele pode, portanto, em função de seus propósitos retóricos, preferir justapor ao tema informação que é nova para seu ouvinte. Ao tematizar resultados de pesquisas científicas, o gênero *informação científica transmitida através do jornal televisivo brasileiro* localiza informação nova em posição inicial. O efeito retórico é, em sua essência, uma operação semântica: resultados de pesquisas são, pelo jornal televisivo, anunciados como descobertas.

É possível dizer que um dos objetivos retóricos de artigos acadêmicos seja a inserção de um pesquisador, ou antes, de seu trabalho, em um campo de conhecimento, o estabelecimento de um nicho, como coloca Swales (1993). A combinação da estrutura temática e da informação, nesse gênero, é não-marcada. A informação tida como dada, ou seja, a revisão teórica representativa do conhecimento produzido em um dado campo, coincide com a posição inicial no texto, sendo aqui considerada seu tema. Já o gênero *informação científica transmitida através do jornal televisivo*, cujo objetivo retórico é a transmissão de informação de natureza científica a uma comunidade de prática não especializada em ciência, localiza informação nova, descobertas científicas, em posição inicial na notícia. O efeito que essa prática discursiva pretende produzir é a sedução da audiência pelo novo, pelo que discursivamente ganha relevância ao ser anunciado da forma como descrita acima. Uma conseqüência desse processo é a construção da identidade do cientista, entendido pelo jornal televisivo brasileiro como o pesquisador das áreas biomédicas - essa foi a área que gerou a quase totalidade das notícias sobre ciência - e de seus resultados de pesquisa como descobertas.

Conclusão

O gênero *informação científica transmitida através do jornal televisivo brasileiro* faz parte da estratégia de sobrevivência discursiva do jornal televisivo. Enquanto elabora o *status* do cientista e da ciência, o jornal elabora seu próprio *status*. Paralelamente, notícias curtas, que simulam situações dialógicas e anunciam descobertas úteis tornam o jornal competitivo entre as várias janelas de engajamento disponíveis na atualidade e subvertem a impessoalidade da semi-interação. O gênero opera, simultaneamente, no sentido de preservar o *status* de fonte confiável de informação e de aproximá-lo do discurso do entretenimento. Essas são ações sociais com as quais as práticas discursivas do gênero ora discutido colaboram.

Uma outra importante ação social do gênero é a construção sociodiscursiva da identidade do cientista, da ciência e da descoberta. O gênero associa a identidade do cientista aos pesquisadores das áreas Biomédicas e o status de cientificidade a essa área de conhecimento. Áreas de conhecimento que não são selecionadas para enunciação midiática não têm seus pesquisadores anunciados como cientistas nem seu trabalho celebrado como descoberta. Como afirma Fairclough, é preciso atentar para o fato de que "o uso da linguagem é sempre constitutivo de identidades sociais, relações sociais e sistemas de conhecimento e crença" (Fairclough, 2001:33).

As ações sociais acima descritas são alcançadas discursivamente por meio da elaboração das notícias. Considerando-se cada uma delas um texto, pode-se perceber que os resultados de pesquisadores são anunciados em posição inicial, ou seja, são tematizados. Tal distribuição do conteúdo semântico da notícia sobre ciência em jornais televisivos pode ser considerada "marcada". O anúncio de informação nova, resultados de pesquisas científicas, em posição inicial, tem efeitos retóricos tais como a sedução da audiência pelo novo e enunciação de resultados de pesquisa como descobertas. Estes efeitos retóricos contribuem com as ações sociais acima explicitadas.

A não seleção de informações produzidas na área de ciências humanas, ciências exatas e artes, por exemplo, parece revelar que o conhecimento produzido nessa área não serve a ao menos dois dos propósitos da mídia, a saber, reafirmação de seu próprio *status* e sobrevivência e competitividade discursiva de seus gêneros. Informações como as ora apresentadas, que questionam a ação da mídia como gerada por/geradora de estereótipos não são selecionadas como descobertas a serem celebradas. A língua, vale lembrar, é uma rede potencial de modos de significação. Cada uma das opções que se faz nessa rede vincula o falante e/ou sua comunidade de prática a um posicionamento político-ideológico. A comunidade de prática produtora do jornal televisivo brasileiro faz opções política, econômica, cultural e discursivamente localizadas. O analista crítico do discurso as revela.

Notas

[1] O *corpus* que ampara as reflexões ora traçadas é composto por gravações feitas em junho, julho e agosto de 2000 dos jornais Jornal da Globo e Jornal Nacional, da emissora Globo de televisão, Jornal da Bandeirantes e Jornal da Noite, da rede Bandeirantes de televisão, e o Jornal da Cultura, transmitido pela TV Minas. As notícias foram coletadas para a pesquisa da dissertação de mestrado "O Gênero Informação Científica Transmitida Através do Jornal Televisivo Brasileiro", defendida pela autora do artigo em maio de 2001, na UFMG.

[2] SCOLLON (1998:249) define janelas de engajamento, "sites of engagement" na nomenclatura do autor, como "janelas construídas pela prática social por meio das quais os textos se tornam disponíveis para sua apropriação." Tais janelas são oportunidades de interação com discursos variados. A vida em ambientes urbanos é caracterizada pela exposição a diversas janelas de engajamento de forma simultânea, o que habitua as pessoas à atenção polifocal (Oliveira, 2001:90).

[3] O caráter marcado, não-marcado tem sua especificidade em cada língua, sendo possível que um elemento que em uma língua é marcado, em outra, não o seja. Os exemplos analisados em português, pertencentes ao *corpus* ora discutido, aceitavam as hipótese hallideanas.

Referências bibliográficas

FAIRCLOUGH, Norman. A análise crítica do discurso e a mercantilização do discurso público: as universidades. *In*: MAGALHÃES, Célia Maria (Org.). *Reflexões sobre a análise crítica do discurso*. Belo Horizonte: Faculdade de Letras, UFMG, 2001.

HALLIDAY, Mark. *An introduction to functional grammar*. London: Edward Arnald, 1994.

HALLIDAY, Mark & HASAN, Ruqaiya. *Language, context and text*: aspects of language in a social-semiotic perspective. London: Deakin University, 1993.

MAGALHÃES, Célia Maria. *A análise crítica do discurso enquanto teoria e método de estudo*. *In*: MAGALHÃES, Célia Maria (Org.). *Reflexões sobre a análise crítica do discurso*. Belo Horizonte: Faculdade de Letras, UFMG, 2001.

MARTIN *et al*. *Working with funcional grammar*. London: Arnald, 1997.

MYERS, Greg. Lexical cohesion and specialized knowledge in science and popular science texts. *Discourse Processes*, Lancaster, v.14, n. 1, 1-26, January, 1991.

OLIVEIRA, Janaína Minelli. *O gênero informação científica transmitida através do jornal televisivo brasileiro*. Belo Horizonte: Faculdade de Letras da UFMG, 2001. Dissertação de Mestrado em Lingüística.

PAGANO, Adriana Silvina. *Genes, ovelhas e discos compactos*: alguns aspectos de reescritas de descobertas científicas. *In*: MACHADO, L., CRUZ, A.R. & LYZARDO-DIAS, D. *Teorias e práticas discursivas*: estudos em Análise do discurso. Belo Horizonte: Núcleo de Análise do Discurso da Fale–UFMG, 1998. p. 55-70.

SCOLLON, Ron. *Mediated discourse as social interaction*: a study of news discourse. London/New York: Longman, 1998. p. 3-24, 249-266.

SWALES, John Malcolm. *Genre analysis*: english in academic and research settings. 3rd.print. Cambridge: Cambridge University Press, 1993.

THOMPSON, John B. *A mídia e a modernidade*: uma teoria social da mídia. Petrópolis:Vozes, 1995. p. 77-82, 181-203.

PARTE III - DISCURSO, GÊNERO SOCIAL E IDENTIDADE

CONSTRUTO IDENTITÁRIO FEMININO NA BUSCA DO METAINSTÁVEL: *ENEIDA* DE VERGÍLIO E MÍDIA DA ATUALIDADE

Dina Maria Martins Ferreira

Entrecruzamento de pontos de vista

A temática desse estudo é a identidade social do feminino, mostrada e construída historicamente. A partir da análise do construto identitário, organiza-se um eixo argumentativo baseado em indagações sobre em que pontos de vista é possível olhar o sujeito feminino situado em séculos distantes entre si: se podemos ter acesso ao universo identitário via um enfoque holístico ou atomístico, se metafísico ou pragmaticista, e como o organismo da linguagem se manifesta nessas polaridades. Esses enfoques vão ser discutidos tendo em vista a matéria discursiva, *Eneida* de Vergílio e discursos midiáticos recolhidos em *Caras* e *Quem*, revistas de circulação nacional, publicadas durante o primeiro semestre de 2002.

A idéia de trabalhar esses questionamentos partiu de artigos controversos nos quais acadêmicos expõem a possibilidade de convivência de opiniões diferentes em um mesmo espaço, nos quais Paulo R. Margutti Pinto e Kanavillil Rajagopalan conversam com Richard Rorty (Pinto et alii, 1998). A instigante controvérsia mostra ao leitor que discordância não pressupõe exclusão das partes em discussão, pelo contrário, as diferenças movimentam-se entre o que é considerado padrão e o que se faz revolucionário. Baseada nesse pilar é que ouso demonstrar que a significação da identidade feminina pode ser entendida sob vários flancos, privilegiando aquele em que nossa escolha reflita nossas crenças:

> Nós pensamos que há muitas maneiras de falar sobre o que está acontecendo, e que nenhuma delas está mais próxima do jeito como as coisas são em si mesmas que qualquer outra. (Rorty, 1998:15).

Vamos entender as perspectivas propostas de maneira simples, fora de uma retórica filosófica empolada, sem nos ater a "métodos" teóricos, mas em busca de uma justificação validada:

> Os assim chamados métodos são apenas descrições das atividades nas quais se engajam os entusiásticos imitadores de alguma mente original – que Kuhn chamaria de os "programas de pesquisas" que o trabalho destas mentes originais fez surgir. (*Ibidem*, 1998:28)[1]

Junto à tentativa de mostrar a não fixidez de um olhar analítico e adotando um jogo de pontos de vista, o foco é indagar como o construto feminino caminha e se transforma no histórico da natureza humana.

Holismo e metafísica/atomismo e pragmatismo

A leitura holística sustenta que

> [...] organismo social é algo mais que a simples soma dos seus membros e é também algo mais que a simples soma das relações existentes entre os membros. (Abagnano, 2000:512)

logo pretende-se ao totalizante do que seja a identidade do feminino. A metafísica, aqui, se "une" ao holismo, pois pressupõe em suas prerrogativas conceituais atingir a essência de um ser imóvel no mundo. Se toda essência indica um todo, tem-se a fundação de um princípio organizador do que seja feminino. Já o atomismo afirma que a sociedade

> [...] é constitutiva de elementos simples irredutíveis, cujas diferentes combinações explicam todas as suas modalidades [...]

(sendo que) atomismo social é usado freqüentemente para designar as doutrinas individualistas que consideram a sociedade resolúvel inteiramente nos indivíduos que a compõem (*Ibidem*, 92).

Atomismo, partes-do-todo, nessa proposta, pode se aliar ao pragmatismo rortyano pela punjança de subjetividade em detrimento da objetividade, além de uma visão contingencial do que seja o ser feminino.

Na realidade, a proposta argumentativa organiza-se em dois flancos: a essencialista-fundacionalista que se programa em torno de que abordar a identidade, na linguagem e no mundo, é vê-la em sua essência totalizante; e a contingencial que organiza o conceito de identidade do ser manifestando-se no instante histórico-social em que se insere. É metafísica contra pragmatismo? É essência contra contingência? É o todo contra a parte? Será que dois pólos controversos não podem solidarizar-se um com o outro na percepção do sujeito?

Estética e mídia em construto identitário

Para que a questão possa ser "lida" argumentativamente, faço um contraponto entre figuras femininas, da *Eneida*, século I, e figuras femininas refletidas pelos holofotes da mídia, século XXI. Vamos utilizar dois corpos discursivos "díspares" pela distância de tempo e espaço, pela distância sociocultural, e pela distância do tipo de gêneros discursivos. Pela do gênero discursivo, tem-se dois patamares que pela investigação tradicional se fazem antagônicos, pois literatura trabalha com criação estética e mídia, com a informação ordinária. Ao tentar fazer o encontro de discurso literário com o midiático não está se pleiteando anular os campos formais e propositivos de cada tipo de discurso, inegavelmente a especificidade de cada um se impõe no mundo das linguagens. A proposta não está em neutralizar suas constituições em prol do multiculturalismo discursivo, mas mostrar que ambos fazem parte do organismo linguagem na proposta de ver/construir/apresentar o mundo identitário, seja na dimensão do "fingimento" e/ou da realidade. No entanto, a disparidade entre os gêneros literário e midiático parecem esmorecer se entendermos o midiático das revistas *Caras* e *Quem* também se situando no universo do "fingimento", pois as notícias dessas revistas visam esconder e/ou interromper o ordinário do cotidiano pela presença de sujeitos glamorosos nutridores do brilho fantasioso de um imaginário idealizado.

No primeiro momento, o *tópos* analítico vai se ater ao levantamento de atributos partilhados entre figuras femininas de momentos históricos diferentes. No partilhar de atributos, fronteiras históricas e discursivas vão-se tocando. Entende-se por atributos, categorias/funções, assumidas por sujeitos em seu espaço e tempo. Propriedades vão indicar, pela repetição, constância e comunhão de atributos, características da natureza humana feminina. Atributos vivem nos históricos, que criam/mostram propriedades meta-históricas.

Na *Eneida*, Dido, rainha de Cartago, no dever de condutora de um império, expressa a categoria do poder:

> [...] assim era Dido,. Assim alegre caminhava entre os súditos, incitando-os ao trabalho pra o futuro império. Depois, chegando ao limiar do santuário, sob os tetos do templo, assenta-se, rodeada pelos guardas, no alto do trono. Distribui justiça e dita leis aos seus homens, partilha igualmente os trabalhos ou os sorteia, [...] (Livro I:47)

poder balançado pelos extremos da paixão:

> [...] este homem me afetou os sentidos e abalou o coração: reconheço os vestígios da antiga chama... (Livro IV: 110)
> [...]
> Com estas palavras inflama de amor um coração já ardente, enche de esperança a mente hesitante e afrouxa o pudor (Livro IV:112)
> [...]
> Dido arde de amor e a paixão penetrou-lhe até os ossos [...] (Livro IV:113)

Dido diz atributos – dever e paixão –, atributos que no século XXI manifestam-se em outras figuras. É o dever de representante do poder da rainha Elizabeth II da Inglaterra, em seu jubileu de reinado, que desempenha papel similar ao de Dido; ambas são envolvidas pelo cortejo do poder:

> Mas o jubileu levou, na terça-feira, 4, um milhão de súditos e turistas às ruas para acenar bandeiras e acompanhar o cortejo real passar pelas ruas de Londres.[2]

O casamento da princesa Martha Louise, da Noruega, ratifica a relação de poder-nobreza e amor frente a seu eleito: "Espero manter para sempre o amor e respeito que tenho por Ari".

Nos atributos do dever e da paixão, Dido também se encontra na figura de Patrícia Pillar, namorada-esposa do então presidenciável Ciro Gomes (eleição para presidência do Brasil, 2003); luta em amor pela vitória do companheiro, faz-se presente no processo da propaganda eleitoral, usa a sua fama de atriz, até global, para chamar atenção sobre seu parceiro.

Como figura da fortaleza, que luta, sorridente, contra a doença do câncer nas mamas, é a amazona Camila:

> No meio do morticídio, exulta a amazona Camila, que traz a aljava e um seio descoberto para melhor combater; e ora espalha com a mão deusa nuvem de dardos, ora vibra, com a incansável destra, a forte machadinha; retinem em seus ombros o arco de ouro e as arenas de Diana. Mesmo quando ela é obrigada a virar as costas e fugir com o arco, dispara para trás as setas velozes. (Livro XI: 336).

Deslizam formas significantes, mas o conteúdo da propriedade fortaleza é durável na história do feminino: em vez do seio descoberto mostra a cabeça calva (descoberta), resultado da quimioterapia; em vez de dardos usa sorrisos; em vez de arcos e arenas usa o olhar confiante e os ombros altivos. Patrícia Pillar é aquela que "traz a aljava" na cabeça descoberta, ao lado de sua paixão Enéias-Ciro, na luta de alcançar a vitória na "guerra".

Pentesiléia, amazona furiosa "com os seios descobertos e sustentados por um boldrié de ouro [...], se atreve a medir-se com os homens" (Livro I: 46). Da mesma forma, não importando as intenções políticas, a Sra. Romário, esposa de jogador brasileiro famoso, equipara-se ao masculino pela força física. É a sensualidade feminina no físico masculinizado. Sua imagem, segurando o peso, mostrando musculatura exagerada, com o olhar de "tudo-posso-conseguir", mostra a mulher transitando no universo da força física masculina.

Lavínia, princesa e noiva de Turno, é a filha protegida, e a que

> [...] ouvindo o que dizia sua mãe [...] inundou de lágrimas as faces ardentes; vivo rubor cobre-lhe o rosto e uma onda de calor percorre-lhe o corpo [...] (Livro XII:348).

De *Eneida* a *Caras*, Lavínia se encontra com Raica Oliveira, *top-model*, também protegida pelos carinhos de sua mãe, Conceição de Oliveira:

> Acompanhada pela mãe, [...] ela vive em Nova York há dois anos,mas sempre que possível viaja ao Piauí para visitar a avó [...] e rever os amigos e a família em Teresina. Junto aos parentes

> Raica é tratada como uma rainha... A morena admite que gosta de ser mimada, principalmente quando a mãe prepara seus quitutes.

As fragilidades filiais se tocam, enquanto proteções maternais se avivam. Amata, mãe poderosa de Lavínia, não se detém em problemas para defender a filha:

> [...] não temendo cometer um maior sacrilégio e tornada mais furiosa, corre e esconde a filha nos montes cobertos de frondosas árvores, para roubá-la ao matrimônio com o teucro e retardar a cerimônia nupcial [...] (Livro VII, p. 211).

E Xuxa, rainha dos baixinhos, apresentadora de maior fama na televisão brasileira, não mede esforços de segurança para proteger (esconder) sua filha das violências possíveis a pessoas ricas e famosas, em uma sociedade de diferenças sociais muito fortes. É a mãe rica que diz: " O melhor presente para o meu coração eu já tenho: é a minha filha"; e a mãe que se provê de aparato de segurança em prol de sua família.

Muitos outros atributos, alocados em figuras diferentes, espaçadas pelo tempo histórico, podem continuar a se encontrar, tanto manifestados no lingüístico literário quanto no sincretismo midiático. No relacionamento entre discurso literário e midiático reforça-se não se estar propondo uma análise comparativa entre os estilos de cada uma das linguagens, mas indicando que ambas as linguagens comungam o linguajar de mundo em atos de fala. A especificidade do discurso midiático é que junto aos atos de fala pratica os atos de figura, isto é, simultaneidades entre verbal e não-verbal caracterizantes do sincretismo de linguagens. O espaço literário diz e o midiático diz e mostra, acolhendo a natureza representativa da linguagem. Atos de fala e atos de figura mesclam-se, pois

> Os atos de fala como os de figura são estudados concomitantemente nos discursos sincréticos da mídia, já que esta focaliza, impulsionada pelos processos de globalização da tecnologia e comunicação, próprios da atualidade, a sociedade a expressão de todos os seus ritos e linguagens. (Strôngoli, no prelo)

O metainstável das inter-histórias

A primeira questão se apresenta. Pode a linguagem representar o ser ou o sujeito diz/faz – em ato de linguagem – o ser naquele instante? Tanto Dido diz/faz/mostra o mundo do século I, quanto Patrícia Pillar, o do século XXI. O perfil dos significantes identitários de cada figura feminina é indubitavelmente contingência de uma época (e da própria subjetividade), pois cada espaço e tempo tem a forma de se manifestar e de se fazer; cada significante faz diferentemente os mundos primevo e atual. Patrícia diz ao "mostra[r] por que é a melhor aliada de Ciro Gomes", seu sorriso e sua "calvície" fazem coragem e força, seu sorriso expressa o amor, seus ombros ao lado de Ciro Gomes são um querer-poder vitorioso. Dido diz e sente "os vestígios da antiga chama", "arde de amor" e "afrouxa o pudor". Dido e Patrícia são diferentes quando situadas historicamente, mas simultâneas quando se equivalem na propriedade da paixão. Cada momento é uma contingência histórica, um instante amoroso. A linguagem faz o feminino representando o ser feminino. Significantes deslizam no histórico-cultural, significados duram na natureza. As figuras femininas – Dido e Patrícia – compõem seus significados com feixe de semas próprios, mas pertencem a um mesmo campo semântico, no qual semas são partilhados ou aproximados pela equivalência. Devido a pertencerem a um mesmo campo semântico, com traços equivalentes, não poderiam referendar só os atributos assumidos em sua história e na história, mas também caracterizariam propriedades do universo identitário do feminino. No decorrer histórico das contingências sociais, busca-se pinçar do repetitivo a possibilidade de um olhar para a natureza pela cultura. Cultura e natureza não são perspectivas excludentes, cultura descortina a natureza. A história compõe-se de contingências e as inter-histórias permitem o metainstável.

Se o movimento atributivo de sujeitos sociais se repetem para a amostragem de propriedade naturais, se natureza e cultura compartilham espaços, à ciência e à vida também são permitidos os movimentos compatíveis. Logo, a proposta do então jogo de linguagem em convergir pontos de vista já mostra a neutralização de fronteiras teóricas na "metodologização" do construto identitário, pois construto é transformação, mudança. Como fixá-lo a rédeas teóricas? Ele se manifesta, ou, não importa, é manifestado. Linguagem e mundo se entrecruzam.

Não se nega um eventual comportamento pragmaticista das figuras femininas que agem em categorias que melhor lhe aprouverem em seu instante, no entanto, contingências podem se irmanar em feixes sêmicos. Não se nega a subjetividade na qual os atributos vivem, mas um vislumbre objetivo da natureza feminina é espargida em linguagens. Logo, a linguagem faz sujeito-histórico e pode representar o sujeito feminino meta-histórico.

A metáfora é um grande instrumento argumentativo, daí trabalharmos agora com a idéia de botox, uma substância paralisadora de movimentos. Em todas as áreas de vida e de ciência há uma tendência muito grande a se adotar o botox, como uma forma de se sentir bem no mundo. Fixando, estereotipando, essencializando, marca-se o fim das indagações. Se ampliarmos a aplicação da metáfora do botox, sentimos o "real", o que se passa a nossa volta; o ser não gosta que mexam em seu cotidiano, não gosta que tirem suas coisas do lugar, dá ao enfeite um lugar fixo em sua sala, as rugas não devem aparecer, pois indica o passar do tempo, o passar de um estado para outro. O "imexível" provoca bem-estar e dá o controle sobre o todo. O alívio se processa. O instável da contingência cessa a nossos olhos.

Nem tanto ao mar, nem tanto à terra. Uma perspectiva do anatômico nos ajuda a solidarizar o holístico com o atomístico. A significação de anatômico não nega a instabilidade, haja vista a própria idéia de movimento em qualquer organismo, mas também vislumbra a idéia do todo.

Não quer-se dizer que a equivalência de atributos e a chegada a uma propriedade indiquem a essência do ser, mas que os valores assumidos pelas propriedades estão mostrando "algo" do ser feminino. O tangível é o atributo, o meta-tangível é a propriedade. O espaço meta-tangível não é fixo, se modifica, se transforma; pode ser entendido como um ponto condensador (e não fundacional) dos sujeitos no mundo. É o átomo no anatômico, pois pela própria instauração histórica de um núcleo, não se pode pensar em um princípio *a priori* construindo o ser, o ser existe movendo-se no organismo.

Aliando a argumentação à análise, pode-se dizer que são os sujeitos Dido e Patrícia Pilar - representantes de sujeitos sociais de momentos diferentes - que fazem a propriedade amor se movimentar; são os atributos da paixão, em "repetição" sêmica, exercidos pelos sujeitos femininos, que indicam a propriedade. A propriedade paixão-amor existe independentemente de Dido e Pilar, só que precisa de outros sujeitos para continuar vivendo. O sujeito é elemento integrante gerador do espaço anatômico, mas é na troca constante de sujeitos equivalentes que se vislumbra o metaespaço da vida.

Jogos de linguagens, o encontro de polaridades: essência/contingência, holismo/atomismo, gramática/discurso

Pelo estudo dos atributos femininos, na *Eneida* e no midiático, pôde-se perceber que polaridades perdem suas fronteiras delimitadoras, configurando uma metainstabilidade. Ou seja, a instabilidade da contingência dos atributos femininos, situados em um tempo e espaço específicos, mostra-se estável pela própria repetição dos atributos em histórias diferentes, estabelecendo propriedades trans-históricas desse sujeito.

Se propriedades existem na "permanência" dos atributos e se atributos constituem propriedades, a manifestação do sujeito não é o ser, mas uma variável que se formaliza em processo anatômico. É por essa linha de raciocínio que se percebe que contrários convivem. Essência e contingência se embrenham um no outro, pois a repetição das contingências atributivas ao sujeito epifaniza átomos da essência da condição humana dos sujeitos. Na outra polaridade, holismo e atomismo, afirma-se, sem fundacionar, que se tem a identidade feminina em atributos que se epifanizam no anatômico identitário, que permitem, por meio de propriedades, entrever a sombra holística do ser sujeito.

A mesma dinâmica se processa na linguagem. Os discursos não são a essência da linguagem, mas a contingência manifesta da mesma, e os discursos são formalizações atomísticas do organismo da linguagem. E, fazendo relação entre atributos e propriedade com discursos e gramática, discursos estariam para os atributos situados de linguagem e gramática para a propriedade que sobrejaz anatomicamente à constituição de discursos.

Nesta questão de gramática e discurso, iniciamos pelas diferenças entre os gêneros discursivos. Literatura e midiático são linguagens. Como linguagens em discursos constituem-se de estilos próprios e, manifestando-se em jogos de linguagens, se epifanizam em constituições diferentes – seus próprios estilos. No entanto, os contingentes discursivos se encontram na metainstabilidade da linguagem, ou seja, organizam-se pela presença da gramática. A gramática estaria para a propriedade da linguagem, enquanto discursos, para os seus atributos contingenciais. Em outras palavras, os discursos, performativos históricos, se encontram nas inter-histórias pela presença do "grama" (de gramática) também constitutivo do organismo da linguagem. O organismo da linguagem não abre mão nem do discurso nem da gramática. A argumentação sobre contingência e essência e sobre estética e mídia arrefece, assim, o embate entre gramática e discurso, porquanto a linguagem não só se constitui por sua gramática, mas também pelos contingenciamentos históricos em que os discursos são elaborados.

Fica em questão a idéia de que o organismo da linguagem representa não o holismo da essência, mas um construto, pois enquanto representação *de* um construto é uma representação *em* construto. Repetindo, nem tanto ao mar nem tanto à terra, fez-se desconstrução de atributos do feminino, particularidades de realidades – épocas e discursos diferentes –, para verificar que metafísica e pragmatismo, holismo e atomismo e gramática e discurso nos levam a possibilidades de leituras que se abrem em contínuo construto.

Notas

[1] Não está aqui uma posição antiética nem cética. Mas, sem ser uma mente original, procuro caminhar ao lado dos imitadores, mas com uma certa rebeldia consciente da não-singularidade humana.
[2] Os textos de *Caras* e *Quem* não apresentam indicações separadas por data de publicação de modo a atender ao recurso analítico de que há um tipo de discurso midiático em contraponto a um discurso literário.

Referências bibliográficas

ABBAGNANO, N. *Dicionário de filosofia*. São Paulo: Martins Fontes, 2000.

PINTO, P.R. Margutti. Pragmatismo, ironismo e ceticismo em Richard Rorty. *In*: PINTO, P.R.M. *et al*. *Filosofia analítica, pragmatismo e ciência*. Belo Horizonte: Humanitas/UFMG, 1998.

RAJAGOPALAN, K. Por uma pragmática voltada à prática lingüística. *In*: SANDWAIS, A. (Org.). *A relação entre pragmática e enunciação*. Porto Alegre: UFRGS. (no prelo).
_____. *A teoria pragmática e a necessidade de considerar o sujeito da linguagem como um agente ético*. (*pré-print*)
_____. O singular: uma pedra no caminho dos teóricos da linguagem. *In*: *Cadernos de Estudos da Linguagem,* Campinas, Unicamp, n. 38 p. 79-84.
_____. O radicalismo e os seus limites: comentários sobre "Rorty e os Instrumentos da Filosofia" de B. Ramberg. *In*: PINTO, R.H.M. *et al*. *Filosofia analítica, pragmatismo e ciência*. Belo Horizonte: Humanitas/ UFMG, 1998.

RORTY, R. *Filosofia e o espelho da natureza*. Rio de Janeiro: Relume Dumará, 1995.
_____. Pragmatismo, filosofia analítica e ciência. *In*: PINTO, P.R.M. *et al*. *Filosofia analítica, pragmatismo e ciência*. Belo Horizonte: Humanitas/ UFMG, 1998.

STRÔNGOLI, M.T. *O espaço na textualidade verbo-visual*. (*pré-print*)

A CATEGORIA DO TEMPO EM "O CHAMADO DAS PEDRAS"

Heloisa Marques Miguel

Introdução

Neste trabalho, tomaremos a Semântica da Enunciação como nossa ferramenta de análise, pois ela é aquela que explica mais adequadamente a linguagem literária, já que esta quase sempre constrói seu significado nas relações estabelecidas no interior do próprio texto, utilizando-se de vários recursos lingüísticos para que o leitor possa ser convencido e seduzido pela mensagem em questão. Essa linha de investigação entende que "o significado de uma forma lingüística é o seu uso, ou seja, o seu emprego de acordo com os estímulos que a condicionam e as respostas ou reações, verbais e não verbais, adequadas às circunstâncias, finalidades e condições em que é utilizada" (Marques, 2001:19).

Antes de iniciarmos a análise do poema "O chamado das pedras", retirado do livro *Meu livro de cordel* (Coralina, 1998:84), da poeta goiana Cora Coralina, teceremos breves considerações sobre a especificidade da linguagem e do texto literário, tomando como referência a função poética da linguagem de Jakobson e os pressupostos de coesão e coerência da Lingüística Textual.

Pressupostos teóricos

Roman Jakobson (2000), ao longo do ensaio "Lingüística e Poética", demonstrou uma certa indignação em restrigirem o estudo da Poética à área da Literatura, excluindo, assim, a possibilidade de a linguagem literária ser também analisada pelos métodos lingüísticos. A Poética pode ser estudada indiferentemente pelo âmbito da Lingüística e pelo da Literatura. Ambos os especialistas deveriam utilizá-las simultaneamente para interpretar mais profunda e cientificamente a linguagem e os textos literários:

> Ouvimos dizer, às vezes, que a Poética, em contraposição à Lingüística, se ocupa de julgamentos de valor. Esta separação dos dois campos entre si se baseia numa interpretação corrente, mas errônea, do contraste entre a estrutura da poesia e outros tipos de estrutura verbal. [...] Existe íntima correspondência, muito mais íntima do que o supõem os críticos entre o problema dos fenômenos lingüísticos a se expandirem no tempo e no espaço e a difusão espacial e temporal dos modelos literários. (Jakobson, 2000:120)

Ele reconheceu que a função poética da linguagem não é uma manifestação autônoma, ela é um dos componentes que fazem parte do sistema global da estrutura verbal da ciência da linguagem. Justificou melhor sua opinião sobre o estudo da Poética à luz da Lingüística, quando discorreu sobre todos os elementos e as funções da linguagem, entre elas, a função poética. Jakobson enfatizou que todos esses elementos e funções da linguagem são concorrentes numa mesma mensagem verbal. Contudo, a predominância de um deles determina o perfil do texto:

> Embora distingamos seis aspectos básicos da linguagem, dificilmente lograríamos, contudo, encontrar mensagens verbais que preenchessem uma única função. A diversidade reside não no monopólio de alguma dessas diversas funções, mas numa diferente ordem hierárquica de funções. A estrutura verbal de uma mensagem depende unicamente da função predominante (Jakobson, 2000:123).

Para Jakobson, o texto literário, em forma de poesia ou de prosa, difere dos outros pelo fato de que há nele uma forte tendência em privilegiar a mensagem em detrimento dos outros fatores. Nesse caso, o remetente dedica uma atenção especial à palavra, principalmente ao que ela proporciona de possibilidade concreta (significante) e semântica (significado) para a tessitura da mensagem. Essa preferência instaura a função poética nesse tipo de informação, chamada geralmente de estética, pois o que importa é alcançar o máximo de efeito artístico proveniente das palavras e sentenças que compõem esse tipo de comunicação verbal. Contudo, a função poética é estudada pela Lingüística tanto em poesia como em outros tipos de texto:

> Destacamos os seis fatores envolvidos na comunicação verbal, exceto a própria mensagem. O pendor (*Einstellung*) para a MENSAGEM como tal o enfoque da mensagem por ela própria, eis a função poética da linguagem. Essa função não pode ser estudada de maneira proveitosa desvinculada dos problemas gerais da linguagem e, por outro lado, o escrutínio da linguagem exige consideração minuciosa da sua função poética.[...] A função poética não é a única função da arte verbal, mas tão-somente a função dominante, determinante, ao passo que, em todas as outras atividades verbais ela funciona como um constituinte acessório, subsidiário. [...] Daí, que ao tratar da função poética, a Lingüística não possa limitar-se ao campo da poesia. (Jakobson, 2000:127-128)

Ele prossegue o ensaio, afirmando que o comportamento verbal se vale de dois modos básicos de arranjo para se constituir: a seleção (eixo paradigmático) e a combinação (eixo sintagmático). Porém, a função poética difere das demais justamente por

> [...] projetar o princípio de equivalência do eixo da seleção sobre o eixo da combinação. [...] Em poesia, [a equivalência] é usada para construir uma seqüência. [...] A medida de seqüências é um recurso que, fora da função poética, não encontra aplicação na linguagem. Somente em poesia, com sua reiteração regular de unidades equivalentes, é que se tem experiência do fluxo verbal. (Jakobson, 2000:130-131)

Samira Chalhub (2000), estudiosa da teoria da linguagem de Jakobson, considera que os recursos retóricos e estilísticos da Literatura encontram-se em estado latente no sistema geral da língua. Cabe ao poeta ou ao escritor, com sua genialidade e criatividade, atualizá-los no momento da tessitura de seu texto:

> Na feitura poética – técnica de sabedoria daquele que desenha a poeticidade da mensagem – o poeta seleciona, escolhe dentre/por entre/os elementos expostos no código aqueles que vai utilizar para compor o sintagma, o encadeamento, a combinatória. [...] Na função poética, a mensagem está voltada para si mesma: as características físicas do signo, seu estatuto sonoro, visual, são privilegiadas, decorrendo um sentido não previsto numa mensagem de teor puramente convencional. (Chalhub, 2000:38)

Por outro lado, ela reconhece que a leitura estética e prazerosa de um texto literário reside na capacidade do leitor em desvendar os significados plurais e não convencionais instaurados pela função poética nesse tipo de mensagem:

> É preciso estar atento aos signos – estes revelam, no seu arranjo, sua própria pedagogia de aparição, criando um espanto no seu bem dizer-se. O admirável espanto provocado pelo bem-dizer à natureza poética é o que os formalistas russos chamaram de ostrâniemê, "estranhamento": um tempo de olhar par o poema, percorrendo-lhe as significações plurais e (im)possíveis, o tempo perceptivo da leitura do receptor. (Chalhub, 2000:38)

Ao finalizar seu ensaio, Jakobson afirma que a Poética constitui uma parte da Lingüística. Logo, não há motivos para que ela seja objeto de estudo somente da Literatura. A Poética não só pode como deve ser questionada por essas duas áreas de conhecimento, já que elas não se excluem, mas certamente, se complementam:

> Se existem alguns críticos que ainda duvidam da competência da Lingüística para abarcar o campo da Poética, tenho para mim que a incompetência de alguns lingüistas intolerantes tenha sido tomada por uma incapacidade da própria ciência lingüística. Todos nós que aqui estamos, todavia, compreendemos definitivamente que um lingüista surdo à função poética da linguagem e um especialista de literatura indiferente aos problemas lingüísticos e ignorante aos métodos lingüísticos são, um e outro, flagrantes anacrônicos. (Jakobson, 2000:162)

Os estudos de Jakobson sobre as funções da linguagem proporcionaram o surgimento de várias disciplinas lingüísticas, que propuseram uma guinada no tratamento da língua, apresentando uma abordagem bem diferente da análise estruturalista, pois as novas disciplinas passaram a basear-se em todos os elementos lingüísticos, e até mesmo extralingüísticos, envolvidos na comunicação verbal: a fala (*parole*) foi privilegiada em detrimento da língua (*langue*). Na verdade, essas novas disciplinas não suplantaram, mas sim ampliaram os estudos estruturalistas introduzidos por Saussure, já que elas levaram em consideração o falante, o receptor e o contexto em suas análises.

Nesse panorama moderno da ciência da comunicação, apareceram então a Lingüística Textual e a Semântica da Enunciação, que ajudam a estabelecer uma ponte entre a Poética (Literatura) e a Lingüística:

> Sem dúvida, o surgimento dos estudos sobre o texto faz parte de um amplo esforço teórico, com perspectivas e métodos diferenciados, de constituição de um outro campo (em oposição ao campo construído pela Lingüística Estrutural), que procura ir além dos limites da frase, que procura reintroduzir, em seu escopo teórico, o sujeito e a situação da comunicação, excluídos das pesquisas sobre a linguagem pelos postulados dessa mesma Lingüística Estrutural – que compreendia a língua como sistema e como código, com função puramente informativa. (Bentes, 2001: 245)

O campo de estudo da Lingüística Textual é muito vasto, mas seu interesse principal consiste em desvendar os fenômenos lingüísticos relacionados com a composição de um texto. Para os estudiosos atuais do texto, a competência lingüística e textual do falante é muito mais relevante do que as justificativas de ordem gramatical, morfológica e sintática, pois elas não são suficientes para explicar certas situações:

> Todo falante de uma língua tem a capacidade de distinguir um texto coerente de um aglomerado incoerente de enunciados e esta competência é lingüística, em sentido amplo [...]. Qualquer falante é também capaz de parafrasear um texto, de resumi-lo, de atribuir-lhe um título, de produzir um texto a partir de um título dado e de distinguir um texto segundo os vários tipos de texto [...]. Todas essas habilidades explicitam a competência textual e justificam a construção de uma gramática textual. (Fávero, 2000:6)

Por muito tempo, o texto foi concebido com uma estrutura acabada e pronta. A ênfase jazia no aspecto material e/ou formal do texto. As condições de produção e recepção não eram muito consideradas. Hoje em dia, a Lingüística Textual compreende que o texto encerra as duas manifestações e que elas se aproximam e se complementam:

> Em suma, a Lingüística Textual trata o texto como um ato de comunicação unificado num complexo universo de ações humanas. Por um lado, deve preservar a organização linear que é o tratamento estritamente lingüístico, abordado no aspecto de coesão e, por outro lado, deve considerar a organização reticulada ou tentacular, não linear: portanto, dos níveis do sentido e intenções que realizam a coerência no aspecto semântico e funções pragmáticas (Bentes, 2000: 256).

As categorias de análise

Há vários fatores de textualidade que permitem a definição do texto. Como já foi dito na citação acima, uns pertencem à parte mais formal da língua, ao passo que outros dizem respeito à parte cognitiva:

> O discurso é manifestado, lingüisticamente, por meio de textos (*em sentido estrito*). O texto consiste, então, em qualquer passagem falada ou escrita que forma um todo significativo independente de sua extensão. Trata-se, pois, de um contínuo comunicativo contextual caracterizado pelos fatores de textualidade: contextualização, coesão, coerência, intencionalidade, informatividade, aceitabilidade, situacionalidade, e intertextualidade (Fávero, 2000:7).

Este trabalho utilizará dois desses fatores para a análise do poema "O chamado das pedras", que são a coesão e a coerência. Antes de procedermos a análise propriamente dita, discorreremos simplificadamente sobre a distinção entre a coesão e a coerência, valendo-nos das idéias de Fávero (2000), que foram tomadas de Beaugrande e Dressler:

> A coesão, manifestada ao nível microtextual, refere-se aos modos como os componentes do universo textual, isto é, as palavras que ouvimos ou vemos, estão ligadas entre si dentro de uma seqüência.
>
> A coerência, por sua vez, manifestada em grande parte macrotextualmente, refere-se aos modos como os componentes do universo textual, isto é, os conceitos e as relações subjacentes ao texto de superfície, se unem numa configuração, de maneira reciprocamente acessível e relevante. Assim a coerência é o resultado de processos cognitivos operantes entre os usuários e não mero traço dos textos. (Fávero, 2000:10)

Fávero (2000:17) classifica a coesão em três tipos: referencial, recorrencial e seqüencial *stricto*, dizendo que elas estão baseadas na função que esses tipos exercem na construção do texto e não no mecanismo de classes de palavras, de léxico e outros mais. Na parte de coerência, essa estudiosa concorda que o sentido do texto não está no texto em si, mas em outros fatores que o envolvem. Além dos aspectos lingüísticos, devem ser considerados os de ordem cognitiva, sociocultural e interacional, que constituem, hoje em dia, o objeto de estudo da Pragmática.

Diante de tudo que foi exposto até aqui, queremos estabelecer que o objetivo específico deste trabalho é identificar como a correlação dos tempos verbais articula os mecanismos de coesão e de coerência textuais para gerar o significado e o sentido do poema "O chamado das pedras", transcrito a seguir:

A estrada está deserta.
Vou caminhando sozinha.
Ninguém me espera no caminho.
Ninguém acende a luz.
A velha candeia de azeite
de a muito se apagou.

Tudo deserto.
A longa caminhada.
A longa noite escura.
Ninguém me estende a mão.
E as mãos atiram pedras.

Sozinha...
Errada a estrada.
No frio, no escuro, no abandono.
Tateio em volta e procuro a luz.

Meus olhos estão fechados.
Meus olhos estão cegos.
Vêm do passado.

Num bramido de dor.
Num espasmo de agonia
ouço um vagido de criança.
É meu filho que acaba de nascer.

Na estrada deserta,
sempre a procurar
o perdido tempo
que ficou pra trás.

Do perdido tempo.
Do passado tempo
escuto a voz das pedras:

Volta... Volta... Volta...
E os morros abriam para mim
imensos braços vegetais.

E os sinos das igrejas
que ouvia na distância
Diziam: Vem... Vem... Vem...

E as rolinhas fogo-pagou
das velhas cumeeiras:
Porque não voltou...
Porque não voltou...
E a água do rio que corria
chamava... chamava...

Vestida de cabelos brancos
Voltei sozinha à velha casa,
deserta.
(Coralina, 1998:84-85)

Havíamos dito que a Semântica da Enunciação seria a nossa ferramenta de análise. Sendo assim, nossas reflexões estão amparadas em Fiorin (2000), em *As astúcias da enunciação*, que tece profundas considerações sobre a constituição do discurso a partir da instalação das categorias de pessoa, de espaço e de tempo no enunciado e, principalmente, na enunciação. O livro de Fiorin baseia-se, em quase sua totalidade, nas teorias lingüísticas de Benveniste (1966) sobre a enunciação. Esse lingüista mostrou que a propriedade primeira e primordial da comunicação é a instância da categoria de pessoa, seguida da de espaço e de tempo:

> A categoria de pessoa é essencial para que a linguagem se torne discurso. Assim, o eu não se refere nem a um indivíduo nem a um conceito, ele refere-se a algo exclusivamente lingüístico, ou seja, ao 'ato de discurso individual em que eu é pronunciado e designa seu locutor' (Benveniste, 1966:261-2). O fundamento da subjetividade está no exercício da língua, pois seu único testemunho objetivo é o fato do eu enunciar-se. (Benveniste, 1966:261-2)

Desta forma, acrescentaremos aos pressupostos da Lingüística Textual as idéias de Fiorin sobre a categoria do tempo no enunciado (fator coesivo) e na enunciação (fator de coerência), que permitirão um interpretação interessante do poema escolhido:

> [...] Assim, espaço e tempo estão na dependência do eu, que neles se enuncia. O aqui é o espaço do eu e o presente é o tempo em que coincidem o momento do evento descrito e o ato de enunciação que o descreve. A partir desses dois elementos, organizam-se todas as relações espaciais e temporais. (Fiorin, 2000:41-42)

> Até agora, trabalhamos com o tempo, fingindo ignorar que um texto opera com temporalizações globais diversas, que, no entanto, estão inextricavelmente ligadas, ou falando, sem precisar, em tempo da enunciação e tempo do enunciado. Em primeiro lugar, é necessário dizer que, como todos os acontecimentos são temporalizados, há uma microtemporalidade, que ordena cada acontecimento, e uma macrotemporalidade, que organiza as

seqüências maiores. Em segundo, que como há diferentes temporalidades, é preciso analisar como elas se articulam. (Fiorin, 2000:229)

O percurso analítico

Uma leitura atenta do poema revela que a presença das formas verbais "está/ vou caminhando/espera/acende/apagou/estende/atiram/ tateio/ procuro/ estão(fechados)/estão(cegos)/Vêm/ouço/acaba de nascer/procurar/ficou/escuto/Volta...Volta...Volta.../abriam/ouvia/ Diziam:Vem...Vem...Vem.../(não)voltou/(não)voltou)/corria/ chamava...chamava.../voltei" funcionam como mecanismos lingüísticos de coesão e coerência textuais.

Primeiramente, investigaremos como essas formas verbais afetam, em nível de microtexto, ou melhor, de enunciado, as relações coesivas do poema. Fávero (2000:33) também estuda os tempos verbais como fatores de coesão seqüencial *stricto sensu*, já que eles "têm por função, da mesma forma que os de recorrência, fazer progredir o texto, fazer caminhar o fluxo informacional. Diferem dos de recorrência, por não haver neles retomada de itens, sentenças ou estruturas. Podem ocorrer por seqüenciação temporal e por conexão."

As formas verbais do poema em questão, que ora se apresentam nos tempos do presente ora do pretérito, estabelecem um significado para as sentenças, ao mesmo tempo que promovem a progressão do fluxo informacional, pois elas relacionam os estados de espírito e de humor, os fatos e os acontecimentos mais importantes da vida desse enunciador.

A primeira, a segunda e a terceira estrofes apresentam o estado atual de solidão e abandono do eu-lírico, principalmente nos versos "vou caminhando sozinha./Ninguém acende a luz./Ninguém me estende a mão./ Sozinha.../No frio, no escuro, no abandono". Esses versos, de certa forma, também anunciam a vida que está por vir. A partir da quarta estrofe até a penúltima, as formas verbais passam a relatar acontecimentos ocorridos num passado remoto e mais recente. Assim, o leitor fica sabendo que esse eu-lírico, há muitos anos, teve filhos no verso "Num bramido de dor./Num espasmo de agonia/ouço um vagido de criança./É meu filho que acaba de nascer". Depois disso, somos informados da recepção fria que a poeta teve ao decidir retornar para sua terra natal, já que não havia ninguém aguardando por ela, a não ser os elementos naturais que compõem o cenário da cidade de Goiás, antiga Villa Bôa de Goyaz, como as pedras do calçamento em "escuto a voz das pedras:/Volta...Volta...Volta..."; os morros (Serra Dourada) que circundam a cidade em "E os morros abriam para mim/imensos braços vegetais"; os sinos das antigas igrejas em "E os sinos das igrejas/que ouvia na distância/Diziam: Vem...Vem...Vem..."; os pássaros locais em "E as rolinhas fogo-pagou/das velhas cumeeiras:/ Porque não voltou.../Porque não voltou"; e, por fim, o rio (Rio Vermelho) que corta a cidade em "E a água do rio que corria/chamava...chamava...". A última estrofe, "Vestida de cabelos brancos/Voltei sozinha à velha casa, deserta", retoma o estado físico e emocional atuais da poeta, reiterando o que já foi dito na primeira, segunda e terceira estrofes, fechando assim o ciclo de vida do enunciador-poeta.

Essa marca lingüística dos tempos verbais no enunciado permite que o momento da enunciação seja reconstituído, pois a enunciação considera os fatores de produção (enunciador) e de recepção (enunciatário) do texto. Ela refere-se ao nível macrotextual do texto e contribui, portanto, para a coerência, que por sua vez, visa entender o sentido global do texto. Relembremos, mais uma vez, a distinção entre coerência e coesão textuais, tomando desta vez a seguinte consideração de Koch:

> A coerência diz respeito ao modo como os elementos subjacentes à superfície textual vêm a constituir, na mente dos interlocutores, uma configuração veiculadora de sentidos. A coesão pode ser descrita como o fenômeno que diz respeito ao modo como os elementos lingüísticos presentes na superfície textual encontram-se interligados, por meio de recursos também lingüísticos, formando seqüências veiculadoras de sentido (Kock *apud* Bentes, 2001:256)

Este trabalho ocupou-se com o capítulo "Do tempo" (p. 127-255), do livro *As astúcias da enunciação* (Fiorin, 2000), que explicita as possibilidades de uso dos tempos verbais na composição de um texto. Para facilitar a explanação, Fiorin estabelece as seguintes divisões para a categoria do tempo: o tempo sistematizado, o tempo transformado, o tempo harmonizado, o tempo subvertido e o tempo desdobrado.

Retornando ao nosso poema, percebemos que, em nosso caso, o enunciador utiliza os tempos verbais deslocando-os, ou melhor, *subvertendo-os* ao eixo ordenador e gerador do momento da enunciação, da referência e do acontecimento, citados por Fiorin em:

> Até agora estabelecemos dois pontos para marcar a singularidade do tempo lingüístico:
>
> a) seu eixo ordenador e gerador é o momento da enunciação;

b) está relacionado à ordenação dos estados e transformações narrados no texto.
Daí decorre que existem na língua dois sistemas temporais: um relacionado diretamente ao momento da enunciação e outro ordenado em função de momentos de referência instalados no enunciado.[...] São três os momentos estruturalmente relevantes na constituição do sistema temporal: momento da enunciação (ME), momento da referência (MR) e momento do acontecimento. (Fiorin, 2000:145-146)

Em "O chamado das pedras", ocorre uma neutralização constante dos tempos verbais, já que o enunciador, na maior parte do poema, presentifica o passado e torna, às vezes, futuro o presente. Assim, temos algumas formas verbais da primeira, segunda e terceira estrofes coincidindo com o momento presente da enunciação como em "A estrada está deserta,/Ninguém me estende a mão./E as mãos atiram pedras./ Tateio em volta e procuro a luz". Contudo, em "Vou caminhando sozinha./Ninguém me espera no caminho./Ninguém acende a luz", temos concomitamente uma referência à situação presente e também ao futuro, ou seja, o estado de solidão e abandono atuais da poeta tende a prolongar-se pelo resto de sua vida.

Mas a neutralização de tempo mais relevante deste poema é a presentificação do passado. Isso acontece quando a poeta utiliza o recurso do "flashback" para reviver os fatos mais marcantes de sua vida, compreeendidos entre o nascimento dos filhos (quarta estrofe) e a volta à cidade natal (da quinta à décima estrofe). Aliás, o ponto máximo de poeticidade e de dramaticidade encontra-se nos versos que expressam a boa receptividade dos elementos naturais da cidade, em contraponto com a péssima acolhida dos moradores. A poeta intensifica aquele momento *personificando* os elementos naturais, como em "escuto a voz das pedras:/; E os morros abriam para mim/imensos braços vegetais./; E os sinos das igrejas que ouvia na distância/Diziam:[...]/; E as rolinhas fogo-pagou/das velhas cumeeiras:/Porque não voltou.../; E a água do rio que corria/chamava.../chamava...". Ela também usa *onomatopéias* para explorar o som proveniente das formas verbais, remetendo-o às características físicas de quem os pronunciou. Assim, temos em "Vem...Vem...Vem...", a ressonância metálica dos sinos das igrejas; em "Porque não voltou.../Porque não voltou...", a imitação da voz das rolinhas fogo-pagou; e em "chamava...chamava..", a semelhança sonora da água do rio que passa em movimento contínuo. Esses recursos fazem com que as sensações e emoções vividas num determinado momento do passado ainda estejam vivas no presente. A última estrofe, "Vestida de cabelos brancos/Voltei sozinha à velha casa, deserta", apresenta uma forma verbal no passado (voltei), mas que reflete a situação atual da vida da poeta, que vive sozinha num velho casarão, relembrando momentos do passado, como se tivessem acabado de acontecer.

Assim, vimos que o enunciador valeu-se do uso do tempo subvertido para estabelecer a coerência textual do poema. Este é um dos recursos lingüísticos que possibilita ao leitor compreender o sentido global da mensagem do poema, que está antecipado a partir do título, vai sendo argumentado pelas estrofes e, é então, reiterado ao seu final.

Por fim, podemos observar que a função poética desse texto concentra-se na habilidade e na capacidade comunicativa da poeta Cora Coralina em utilizar o recurso do tempo subvertido a favor do significado das sentenças (fator coesivo) e do sentido global de seu poema (fator de coerência). Mas essa interpretação depende também de uma atitude cooperativa do leitor em aceitar o poema como um texto coerente, fazendo de tudo para compreendê-lo. Essa interação entre produtor (enunciador-poeta) e receptor (enunciatário-leitor) diante de um discurso (enunciação-poema) aproxima a Semântica da Enunciação e a Lingüística Textual da Poética.

Considerações finais

Gostaríamos de ressaltar que qualquer enunciado traz em si não apenas significados e sentidos, mas também intenções. Sabemos que a linguagem literária difere das outras pelo fato de vir carregada de significados figurados, repletos de intenções, que só são possíveis de serem descodificados mediante as inferências dos usuários da língua. O fenômeno da intencionalidade, um dos elementos da textualidade, tem sido analisado pela Pragmática, pois seu objeto de estudo é, por excelência, a análise da linguagem no que se refere a seu uso pelos falantes da língua em determinados contextos sociocomunicativos:

> [...] a Pragmática se inicia justamente defendendo a não-centralidade da língua em relação à fala. Em outras palavras, a Pragmática aposta nos estudos da linguagem, levando em conta também a fala, e nunca nos estudos da língua isolada de sua produção social. Dessa forma, os estudos pragmáticos pretendem definir o que é linguagem e analisá-la trazendo para a definição os conceitos de sociedade e de comunicação descartados pela Lingüística saussureana na subtração da fala, ou seja das pessoas que falam.

> Um segundo ponto, [...]é que os fenômenos lingüísticos não são puramente convencionais, mas sim compostos também por elementos criativos, inovadores, que se alteram e interagem durante o processo de uso da linguagem. (Pinto, 2001:48)

A Pragmática surgiu com a Teoria dos Atos de Fala proposta por Austin, que concebeu a linguagem "como uma atividade construída pelos/pelas interlocutores/interlocutoras, ou seja, é impossível discutir linguagem sem considerar o ato de linguagem, o ato de estar falando em si – a linguagem não é, assim, descrição do mundo, mas ação" (Pinto, 2000:57). A partir dessa concepção, ele classificou os atos de fala em três tipos:

> [Austin] propôs chamar atos locucionários aqueles que dizem alguma coisa; atos ilocucionários, aqueles que refletem a posição do/a locutor/a em relação ao que ele/a diz; e atos perlocucionários, aqueles que produzem certos efeitos e conseqüências sobre os /as alocutários, sobre o/a locutor/a ou sobre outras pessoas. (Pinto, 2001:58)

O poema "O chamado das pedras" pode ser também interpretado sob a luz da Pragmática, pois a linguagem literária está permeada por forças ilocucionárias, que só são atualizadas quando produzem o efeito desejado na recepção da mensagem, ou seja, no leitor, realizando, conseqüentemente, o ato perlocucionário. Na análise do poema escolhido, a subversão dos tempos verbais corrobora pragmaticamente para o sentido do texto, intensificando a revivescência de acontecimentos passados como se fossem atuais.

Nosso trabalho pretendeu mostrar que a Lingüística, como pretendia Jakobson, concorre para uma compreensão mais abrangente da linguagem literária e, decisivamente, não deve ser apartada dos estudos sobre Poética.

Referências bibliográficas

BENTES, Anna Christina. Linguística textual. *In*: MUSSALIM, Fernanda & BENTES, Anna Christina. *Introdução à lingüística*: domínios e fronteiras. São Paulo: Cortez, 2001. p. 245-287. v. 1.

CHALHUB, Samira. *Funções da linguagem*. 11.ed. São Paulo: Ática, 2000.

CORALINA, Cora. *Meu livro de cordel*. 8.ed. São Paulo: Global, 1998.

FÁVERO, Leonor. *Coesão e coerência textuais*. 9.ed. São Paulo: Ática, 2000.

FIORIN, José Luiz. *As astúcias da enunciação*. 2.ed. São Paulo: Ática, 1999.

JAKOBSON, Roman. Lingüística e poética. *In*: ______. *Lingüística e comunicação*. 17.ed. São Paulo: Cultrix, 2000. p. 118-162.

MARQUES, Maria Helena. *Iniciação à semântica*. 5.ed. Rio de Janeiro: Jorge Zahar, 2001.

OLIVEIRA, Roberta. Semântica. *In*: MUSSALIM, Fernanda & BENTES, Anna Christina. *Introdução à lingüística*: domínios e fronteiras. São Paulo: Cortez, 2001. p. 17-46. v. 2.

PINTO, Joana. Pragmática. *In*: MUSSALIM, Fernanda & BENTES, Anna Christina. *Introdução à lingüística*: domínios e fronteiras. São Paulo: Cortez, 2001. p. 47-68. v. 2.

A INSCRIÇÃO DO SUJEITO NO DISCURSO DA MÚSICA NORDESTINA: UMA QUESTÃO DE IDENTIDADE?

Ivone Tavares de Lucena

Introdução

É por meio do discurso que a memória social é construída e cristalizada, estando, pois, ligada a fatores sociais e históricos que vão perpetuá-la por meio de acontecimentos históricos numa dada comunidade. O que faz a memória coletiva se manter e repassar para outras gerações são os elementos operadores da memória social tais como livros, imagens, filmes, arquitetura: a cultura. Estes operadores são resgatadores de valores, discursos, mitos, crenças que se arquivam no saber cognitivo de sua comunidade e representam a condensação de uma prática social. Nesta ótica, presenciamos um sujeito coletivo que se faz marcar pela historicidade, incorporando vozes sociais diversas numa prática discursiva que veicula ideologias que se manifestarão a partir de posições enunciativas ocupadas em contextos definidos e diversos. O utilizar-se de formações discursivas a partir de contextos determinados por meio de dadas posições enunciativas pode nos conduzir a marcas identitárias de sujeitos que veiculam, por meio da linguagem, formações ideológicas. Em se tratando do Nordeste do Brasil, há elementos operadores de uma memória social que nos remete à construção de uma identidade do homem do Nordeste que pode ser vista (lida) como "paradigma" identitário a partir da investigação da memória discursiva. Identidade coletiva marcada por valores ideológicos tais como religiosidade, crenças, expressões artísticas, medicina popular, cordel, entre outras. Caminhando pelas trilhas da Análise do Discurso (AD), analisamos, no emaranhado da construção textual da música nordestina, as cicatrizes da identidade desta gente, identidade esta inscrita no discurso por um sujeito ideologicamente marcado.

Formação discursiva (FD) e formação ideológica (FI)

A formação discursiva é o lugar específico da constituição dos sentidos e da identificação do sujeito, já que ela é manifestação, no discurso, da materialidade ideológica. As diferentes formações ideológicas materializam-se nas diferentes formações discursivas, pois a visão de mundo não existe desvinculada da linguagem. Em uma situação de ação específica como a música popular nordestina, a materialidade ideológica se faz exteriorizada no discurso segundo a formação discursiva que, por sua vez, é o lugar, ou está atrelada a "um conjunto de regras anônimas, históricas, sempre determinadas no tempo e no espaço que definiram em uma época dada e para uma área social, econômica, geográfica ou lingüística dada, as condições de exercício da função enunciativa" (Foucault, 1986).

É nos discursos que ocorrem os deslocamentos das formações discursivas; quando elas se inscrevem no interdiscurso e ressignificam, é onde se inaugura um novo sentido e se identifica o sujeito em suas diferentes posições. E no intradiscurso que o sujeito faz articulações entre os objetos com os quais o sujeito-enunciador está relacionado, apropria-se deles, fazendo-os objetos de seu discurso. É o que acontece com a Música Popular Nordestina, cujos objetos de discurso retrazem o lugar, a relação de lugares onde se inscrevem as formações discursivas, visto que o sujeito falante é interpelado - assujeitado - em sujeito de seu discurso. Buscar, na sua memória, os valores do homem do Nordeste faz a identidade dele enquanto sujeito enunciador inscrito numa formação ideológica e numa formação discursiva. E a relação estabelecida entre a formação ideológica e a formação discursiva, que se cruzam no interdiscurso, depende da relação da história de cada sujeito, o que a AD chama de *historicidade*: o sujeito com sua história, memória e discurso. Portanto, é dessa historicidade que o sujeito deixa marcas, segundo posições que ocupa no seu mundo. É da relação sujeito/mundo que a discursividade materializa o discurso na construção do texto e o sujeito se coloca no discurso, utilizando-se de estratégias discursivas para dizer o que quer e é nesse dizer que ele se identifica - na forma - sujeito de "sabedor" de uma determinada formação discursiva que o constitui enquanto sujeito ideologicamente marcado, ou seja, socialmente constituído. Nessa perspectiva, podemos dizer que sujeito e sentido são constituídos numa relação de intimidade porque, ao construir sentidos no seu discurso, ele o faz relacionando-se e identificando-se com uma determinada FD/FI. As palavras utilizadas pelo sujeito, em sua função-autor, assumem os sentidos segundo as posições sustentadas por quem as emprega.

Pensar a constituição do sentido é pensar a inscrição do sujeito no discurso e pensar o movimento dos sentidos que assegura o(s) seus(s) efeito(s). Porque ele está em todos os lugares e se "alça", produzindo-se nas relações entre o sujeito (mutuamente) constituindo discurso(s). E é nesse cenário - no movimento dos sentidos e dos posicionamentos do(s) sujeito(s) - que o sentido se instaura e constitui efeitos, segundo a história, a memória e o discurso e que provém de interpretações oriundas da memória deste sujeito social.

Cogitar sobre um sujeito capaz de fazer interpretações é imaginá-lo diante das várias possibilidades de acessar uma memória discursiva que é constituída de esquecimentos e silêncios: saberes sócio-histórico-ideológicos que se armazenam em cada história e que, no jogo discursivo do ir e vir, resgatam sentidos e, na interdiscursividade, produzem efeitos e instauram sentidos segundo posições sustentadas por quem produz o texto. Segundo Pêcheux, as palavras, as proposições se restabelecem e se transcodificam de acordo com os sujeitos que as empregam, relacionando-se com saberes e posições - formações ideológicas - nas quais tais proposições se inscrevem inaugurando novos sentidos.

O sujeito resgata, por meio da memória discursiva, os sentidos que estão ditos em outros lugares e que, ao serem retomados e ressignificados em seus deslocamentos, constituem identidade do sujeito - o nordestino. O tema da seca, por exemplo, muito presente nas composições da música popular nordestina, faz-se presente em grande número de textos cujos sentidos são recuperados a partir de um contexto sócio-histórico.

Na voz de um sujeito histórico e socialmente constituído

Para analisar o processo do sujeito-enunciador, que se faz voz nos textos selecionados para análise, faz-se necessário levar em consideração as condições de produção do que é dito e a sua posição como sujeito histórico e socialmente constituído. Para tanto, é preciso uma atenção especial para o papel da memória nesta produção discursiva. Memória esta que supõe o enunciado inscrito na história e que é retomada conforme circulação de discursos socialmente circulantes.

No que tange à Região Nordeste, é sabido o que enfrenta o homem do sertão, com o fenômeno da seca. Historicamente, o sertanejo convive com a falta d'água e sofre conseqüências degradantes e marcantes que o fazem homem carente, sofrido, batalhador e, sobretudo, corajoso em busca de sua sobrevivência. Isto lhe dá o porte de homem de coragem, portador de dores, mas capaz de ir em busca de saídas que lhe garantam a sobrevivência. Esse contexto sócio-histórico constrói uma memória coletiva que é repassada de geração a geração e constrói formações discursivas peculiares a essa realidade. Formações estas que carregam consigo valores, mitos, crenças, os quais se arquivam no saber de uma comunidade e se condensam por práticas sociais ressonantes em vozes sociais capazes de identificarem sujeitos ideologicamente marcados por esse processo histórico.

O texto "musical", que se constrói no arquivo cultural do Nordeste, é elemento reprodutor de tais valores porque, nele, a "voz" do homem nordestino se faz ecoar porque, enquanto construção de sentido, reproduz, em desdobramentos e deslocamentos, uma memória sócio-histórica e inscreve sujeitos em um discurso que brada por justiça, por reconhecimento, por mudança. Reproduz gritos de dor da fome, da partida, do abandono. São discursos que se entrecruzam e deixam marcas de religiosidade, crenças, cultura, valores: "paradigmas" capazes de veicular a identidade de um povo que carrega preconceitos socialmente discriminatórios.

Tomando como caminho norteador para encontrar os sentidos que se instauram e se embrenham no texto, buscamos esses suportes teóricos da AD para irmos em busca de um sujeito inserido num contexto sócio-histórico que compreende a Região Nordeste com todos os seus saberes: cultura cujo "paradigma" identifica um povo com sua identidade sociocultural-ideológica.

Buscamos, para essa investigação, três músicas de compositores da região, cujas vozes emergem via um discurso que resgata sentidos e produz efeitos, recuperando valores arquivados no saber cognitivo de uma comunidade que representa a condensação de práticas sociais.

Três contextos musicais

Os textos que seguem para análise concentram o tema da seca e da migração, elementos reprodutores de uma historicidade cristalizada. Esses temas emergem nos discursos dos textos escolhidos por meio da materialidade lingüística com significados deslocados. Os fragmentos de discursos, quando reutilizados, quando desdobrados, deslocados, ganham nova configuração semântica porque se inserem em novas condições de produção. Tentamos enxergar, nos textos que se seguem, o enunciador como suporte de ideologia. Ele é, como diz Fiorin (1990: 42), o suporte de discursos, discursos estes que constituem a matéria-prima com que elabora seu discurso. Diz Fiorin que o dizer desse enunciador é a reprodução inconsciente do dizer de seu grupo social.

Ao pensar que, ao falarmos, tomamos como base o princípio de que estamos nos significando, podemos dizer que o uso da linguagem como ação transformadora constitui identidade(s) porque é necessariamente elemento mediador da interação homem/realidade (natural e social). Assim, podemos enxergar a relação intrínseca entre sujeito e sentido, que se instauram concomitantemente, configurando processos de identificação por meio do discurso.

Vejamos os textos nos quais se materializam visões de mundo de sujeitos inseridos em seus lugares sociais e que se identificam como sujeitos a partir da relação estabelecida com suas condições sócio-histórico-ideológicas. Os sentidos que se instauram nos discursos da música popular nordestina são determinados pelas condições de produção responsáveis pelo processo discursivo e fazem delas um texto.

No texto – ***Pau de Arara*** – de Luiz Gonzaga:

Artista: Luíz Gonzaga
Música: Pau de Arara

Quando eu vim do sertão seu moço
Do meu bodocó
Meu malote era um saco
E o cadeado era o nó
Só trazia a coragem e a cara
Viajando num pau de arara
Eu penei, mas aqui cheguei (2x)
Trouxe o triângulo
Trouxe o gonguê
Trouxe o zabumba
Dentro do matulê
Xote, maracatu e baião
Tudo isso eu trouxe no meu matulão

Os sentidos que são instaurados segundo a relação sujeito/sentido e veiculados pela linguagem remetem ao contexto da região Nordeste e expressam o choro, a penúria da saída do homem do sertão, que é obrigado a deixar a sua terra para buscar sua sobrevivência. O texto levanta elementos caracterizadores do homem do sertão que o identificam com seus valores, sua cultura. Aqui aparecem representados pelo *triângulo*, o *gonguê*, o *zabumba*, o *xote*, o *maracatu*, o *baião*. Os instrumentos musicais relacionados pelo sujeito-enunciador são os usados para tocar a música típica da região: o forró *pé de serra*. O xote, o maracatu, o baião, as danças típicas estão muito presentes nas festas e nos divertimentos, principalmente no sertão. Ao relevar estes elementos, colocados no discurso, o sujeito faz mostrar que estes valores são constituintes da história que identifica um povo. Ao reproduzir a voz do sertanejo em um discurso de primeira pessoa, o faz para ecoar a imagem do homem do sertão e as dores de sua partida em busca da sobrevivência.

O sertanejo é descrito com todas as características histórico-culturais que o identificam, como homem de valor que partiu e levou consigo seus valores, sua cultura, sua realidade. O dizer que vem do sertão já lhe dá a identidade. Identidade esta que carrega aonde for. Descreve seu perfil com objetos que o caracterizam:

> meu *malote era um saco*
> e o cadeado era um nó
> viajando num pau-de-arara
> trouxe um triângulo
> trouxe um gonguê
> trouxe um zabumba

Estes elementos dão o retrato do sertanejo. "O malote era um saco e o cadeado era o nó" é estereótipo do retirante da seca, que carrega a sua trouxa e migra em busca de sua sobrevivência. Este retrato está no discurso de Graciliano Ramos quando descreve a partida de Fabiano e sua família. São elementos que constituem a memória social do nordeste seco e injustiçado.

O só trazer a "coragem e a cara", expresso no discurso do enunciador, significa a desprofissionalização do sertanejo, que vai em busca do seu sustento, mas carrega consigo o peso do seu analfabetismo. Contudo, deixa entrever valores ideológicos embutidos no seu dizer: é desprofissionalizado, mas é corajoso e de honra.

Ao dizer "eu penei, mas aqui cheguei", o sujeito quer deixar claro a coragem do sertanejo: o sofrimento de ter que deixar a sua terra e a vitória de poder superar tudo e sobreviver. O penar em cima do *pau-de-arara* já o identifica como sertanejo sofredor, capaz de superar as dificuldades em busca da sobrevivência.

Todas estas características que o enunciador foi buscar na história do homem do sertão o identificam como Nordestino: pobre, desprofissionalizado, retirante da seca – um "Zé-ninguém" para a sociedade: o sul e o sudeste que o marginalizam e o discriminam.

Neste outro texto:

> Artista: Luiz Gonzaga
> Música: Paraíba
>
> Quando a lama virou pedra
> E Mandacaru secou
> Quando o Ribação de sede
> Bateu asa e voou
> Foi aí que eu vim me embora
> Carregando a minha dor
> Hoje eu mando um abraço
> Pra ti pequenina
> Paraíba masculina,
> Muié macho, sim sinhô
> Eita pau pereira
> Que em princesa já roncou
> Eita Paraíba
> Muié macho sim sinhô
> Eita pau pereira
> Meu bodoque não quebrou
> Hoje eu mando
> Um abraço pra ti pequenina
> Paraíba masculina,
> Muié macho, sim sinhô
> Quando a lama virou pedra
> E Mandacaru secou
> Quando arribação de sede
> Bateu asa e voou
> Foi aí que eu vim me embora
> Carregando a minha dor
> Hoje eu mando um abraço
> Pra ti pequenina
> Paraíba masculina,
> Muié macho, sim sinhô
> Eita, eita
> Muié macho sim sinhô

O sujeito-enunciador prende-se a fazer uma descrição da seca, o texto limita-se a fazer um quadro pintado com palavras para mostrar como fica o sertão na seca e o que faz o homem do sertão deixar a sua terra, é a descrição da dor de sua partida obrigatória. Ao dizer *Foi aí que eu vim me embora/ Carregando a minha dor/ Hoje eu mando um abraço/ Pra ti pequenina,* seu discurso também retrabalha o tema da saudade, a saudade da mulher que deixou na Paraíba e descreve o que é a mulher modelo do sertão: é a mulher que consegue vencer, resistir às amarguras da seca. Ao reconhecer a mulher como mulher forte, capaz de suportar as agruras da seca, da fome e as dificuldades provocadas pela seca, ele é também reconhecedor dos seus valores e de suas qualidades, valores estes trazidos pelo estereótipo do homem machista do Nordeste. O discurso machista se faz presente porque representa aqui os valores masculinos do sertanejo, práticas sociais machistas que o identificam como homem nordestino. Não é a mulher que é masculina, são os valores masculinos que fazem dela uma mulher forte e capaz de resistir até às saudades da separação.

Vejamos o terceiro texto:

Artista:Luiz Gonzaga
Música: Súplica Cearense

Ó deus, perdôe esse pobre coitado
Que de joelhos rezou um bocado
Pedindo pra chuva cair sem parar
Ó deus, será que o senhor se zangou
E só por isso o sol arretirou
Fazendo cair toda a chuva que há
Senhor, eu pedi para o sol se esconder um tiquinho,
Pedí pra chover, mas chover de mansinho
Pra ver se nascia uma planta no chão
Meu deus, se eu não rezei direito o senhor me perdôe
Eu acho que a culpa foi
Deste pobre que nem sabe fazer oração
Ó deus, perdôe eu encher os meus olhos de água
E ter lhe pedido cheinho de mágoa,
Pro sol inclemente se arretirar
Desculpe, eu pedir a toda hora pra chegar o inverno
Desculpe eu pedir para acabar com o inferno
Que sempre queimou o meu Ceará
La-laia-laia......

Aqui o texto reproduz o discurso religioso sempre presente no contexto do sertão nordestino, onde o povo atribui o castigo da seca às penalidades de Deus. Deus este que é repassado na visão da Igreja como aquele que castiga. O pedir perdão a Deus traz a figura do homem temente ao todo-poderoso que é ensinado pelo discurso religioso. O dizer "Ó deus, perdôe eu encher os meus olhos de água/E ter lhe pedido cheinho de mágoa,/Pro sol inclemente se arretirar" é acreditar que o homem não pode ter mágoas de Deus. É uma dor por acreditar que não soube fazer oração, não soube pedir pela solução da seca e sofre agora o castigo. O sujeito agora responde pelo discurso religioso no qual acredita.

Neste texto há marcas lingüísticas de como o sertanejo vê a seca. Por sofrer diretamente seus problemas, por ver o que a seca provoca, o sujeito compara o sertão seco ao inferno. Acredita estar sendo castigado por ter feito a sua oração com o "coração cheio de mágoa".

Considerações finais

Ao reconhecer que é um "pobre coitado", coloca-se numa situação de penúria e de homem sofredor. O enunciador usa de um discurso que está presente no homem do sertão: homem religioso, cheio de humildade por não ter direito à cidadania. Sente-se um pobre coitado, que não sabe rezar, colocando-se como culpado pela chuva que cai em excesso deixando novamente o sertanejo sem sobrevivência.

Na teia do discurso da música popular nordestina, se disfarçam efeitos de sentido que se historicizam e trazem uma memória institucionalizada, um "saber discursivo", capaz de recuperar traços de marcas identitárias de significados culturais. A imagem do homem do sertão, da seca e dos retirantes, geralmente é identificada por valores ideológicos que se perpetuam por marcas identitárias que advêm do contexto sócio-histórico-cultural. Valores ideológicos que se instauram e se movimentam de um texto para outro e constroem a figura do sertão nordestino dentro de uma perspectiva de memória social em que valores sociais, culturais ou morais cristalizam conceitos advindos de um grupo social conforme seus costumes. Uma ideologia que se arquiva na memória social coletiva. Traços culturais que estão na história da sociedade, em práticas que reaparecem nos discursos ditos e reditos em outros discursos intradiscursivos, enquanto discurso fundador (Orlandi, 2001).

A partir deste olhar, podemos concluir que estamos inseridos em um mundo com sua história social de produções culturais e práticas sociais e, por isso, logo vamos aprendendo a construir modelos de referência segundo relações com este mundo, vamos construindo historiografia desses modelos referenciais, constituindo, assim, identidade de referência.

Nos textos analisados, surgem enunciados em que se esconde um eco que repercute uma formação ideológica reproduzindo valores e condutas de uma sociedade arrolada em práticas sócio-históricas. As marcas de uma formação ideológica surgem na materialidade lingüística que remete a traços de ideologia que se encontram no dito e no não-dito.

Referências bibliográficas

FIORIN, J. L. *Linguagem e ideologia*. São Paulo: Ática, 1990.

FOUCAULT, M. *A arqueologia do saber*. trad. Luiz Felipe B. Neves. Rio de Janeiro: Forense-Universitária, 1986.

ORLANDI, E.P. (Org.) *Discurso fundador*: a formação do país e a construção da identidade nacional. Campinas, SP: Pontes, 2001.

PARTE IV - GÊNERO, IDENTIDADE E ARTICULAÇÃO DAS DIFERENÇAS

GÊNERO DISCURSIVO ANAMNESE: PRIMEIROS DESVELAMENTOS

Carmem Cecília Camatari Galvão[1]

Introdução

Este artigo apresenta reflexões a respeito dos dados que sustentam a dissertação que desenvolvo no Programa de Pós-Graduação em Lingüística da Universidade de Brasília - UnB. Minha dissertação, intitulada "Anamnese como marca perene do exame clínico: um gênero discursivo", trata de uma parte do exame clínico, a anamnese e procura descrevê-la como um gênero discursivo específico e característico.

A união entre lingüística e medicina - inédita até aqui - é bem-vinda para ambas. Para a lingüística, pela possibilidade de conhecer mais um tipo de manifestação discursiva, com características próprias, e para a medicina como a oportunidade de ter acesso a conhecimentos específicos de língua que são aplicáveis aos textos produzidos e podem aperfeiçoar a produção lingüística médica. Além disso, lingüística e medicina nasceram mais ou menos na mesma época da Grécia Antiga, esta com Hipócrates e aquela com Platão e Aristóteles.

Exame clínico é o nome técnico para a consulta médica, que se estrutura em duas partes. Na primeira, o paciente identifica-se ao médico e narra a ele o que o levou ao consultório: quais são suas dores, desde quando as sente, em quais situações as dores surgem, quais são as intervenções cirúrgicas por que já passou, como estão seus filhos, marido, pais. Esta narrativa é "traduzida" pelo médico para a linguagem de especialidade da medicina, constitui aquilo que Scliar (2002) chama de "mediquês" e é a anamnese que estudo. Assim, o foco volta-se para o registro escrito da interação entre médico e paciente durante o exame clínico na primeira consulta no Ambulatório. Na segunda parte do exame clínico, chamado de "exame físico", o médico examina o paciente, utilizando inspeção, percussão, palpação e auscultação e descreve o paciente quanto a: aspecto geral, tipo constitucional, idade aparente, estado de nutrição, condições de higiene, deformidades grosseiras, fácies, atitude.

O exemplo da anamnese que apresento foi coletado no Arquivo Médico do Hospital Universitário de Brasília - HUB, sob autorização do Comitê de Ética em Pesquisa - CEP da Faculdade de Medicina - FM da Universidade de Brasília - UnB. Com a autorização do CEP para o desenvolvimento desta pesquisa, estou sob as normas do Código de Ética Médica que exigem sigilo quanto aos dados referentes a tratamentos e consultas dos pacientes e, por isso, não há identificação da anamnese nem a apresentação integral deste texto.

Discutem-se, neste artigo, questões pertinentes ao vocabulário, aos verbos e às siglas encontrados na anamnese em tela, após a caracterização do que é anamnese.

Anamnese

Se o exame clínico subdivide-se em anamnese e exame clínico, tanto uma quanto o outro estão agrupados em uma pasta, que contém todas as informações relativas a um paciente em determinada instituição de saúde. Exames, consultas, registro de internações e tratamentos são exemplos do que está nesta pasta que se chama "prontuário" e é documento obrigatório de todo e qualquer atendimento realizado em qualquer instituição de saúde. Toda a vida (e a morte) do paciente está registrada no prontuário.

Anamnese é palavra que vem do grego e, em medicina, significa "trazer de novo à memória todos os fatos relacionados à doença e ao doente" e tem, como partes constituintes (Porto, 1997):

- Identificação: constitui-se por: nome, idade, sexo, cor, estado civil, profissão ou local de trabalho, naturalidade, residência e procedência;
- Queixa Principal (QP): explicita o que levou o paciente a procurar um médico;
- História da Doença Atual (HDA) ou História da Moléstia Atual (HMA): registra as informações colhidas do paciente,

mas já elaboradas mentalmente pelo examinador, que a deixa apenas com os elementos úteis e devidamente interpretada à luz dos conhecimentos médicos;

- Interrogatório dos Diversos Aparelhos (IDA) ou Interrogatório Sintomatológico ou Anamnese Especial ou Revisão de Sistemas (RS): investiga todos os sistemas do organismo do paciente e levanta as possibilidades de enfermidades que não guardam relação com o quadro exposto e anotado na HDA;
- História Patológica Pregressa ou Antecedentes Patológicos: registra as doenças que já acometeram o paciente antes da doença atual e as intervenções cirúrgicas;
- História Familiar ou Antecedentes Familiares: registra o estado de saúde dos pais, do cônjuge e dos filhos; e
- História Pessoal, Profissional e Social ou Antecedentes Pessoais, Sociais e Profissionais: registra as condições de nascimento, aleitamento materno, gravidez e abortos, condições de alimentação, condições de moradia, etilismo, tabagismo, uso de drogas ilícitas e vida sexual.

De todas essas sete subpartes, estão sempre presentes nos exames clínicos de primeira consulta, de maneira ordenada, a Identificação, a Queixa Principal e a História da Doença Atual. As outras quatro partes podem estar presentes, ou não, tanto em espaços específicos quanto diluídas no texto da História da Doença/Moléstia Atual.

É na História da Doença/Moléstia Atual que se encontra a maior porção de texto manuscrito e o maior número de orações completas – com sujeito, verbo e objeto. Assim, para caracterizar o gênero discursivo anamnese, considero-a como ponto de apoio. A seguir, exemplo de História da Doença/Moléstia Atual que servirá de base para as reflexões quanto ao vocabulário, aos verbos e às siglas:

(01) HMA: Paciente refere que há 2 dias apresentou dor na região paraesternal esquerda de início súbito, em queimação ("tipo azia"), sem irradiação, de moderada intensidade e associada a dispnéia de repouso leve e mal estar generalizado. Nega relação do sintoma com esforço físico (estando assistindo a TV na ocasião do início da dor), e relata melhora após 15 min de uso de isordil (5 mg SL) após 1 hora de alívio, apresentou novo episódio de dor com características semelhantes à primeira, porém com maior

intensidade e associada também a sudorese profunda, náuseas e vômitos.
Nega ortopnéia, turvação visual, pré-síncope, síncope e outras queixas.
Antecedentes
- Ex-tabagista (20 cigarros/dia por 30 anos, parou há 6 meses)
- Ex-etilista social
- Epid Å para DC
- IAM há 6 meses, tratado no HUB. Saiu em uso de AAS (200 mg/d), propramocol (40 mg 12/12 h) e captomil (12,5 mg 12/12 h)
- Nega HAS, DM e outras doenças [ilegível]
- Nega cirurgias, alergias a medicamentos e hemotransfusões
- Desconhece casos de doença coronariana na família
RS
- Nega sintomas de protatismo
- Ritmo intestinal diário

Terminada a caracterização da anamnese e apresentada a anamnese base, a seguir, volto-me detidamente a cada um dos elementos lingüísticos.

Vocabulário

Nesta subseção, detenho-me nos substantivos. Ao ler o exemplo (01), identificam-se muitas palavras desconhecidas para aqueles que não pertencem à área médica. Para clarificar a compreensão do texto, apresento o significado dessas palavras:

- dispnéia – dificuldade de respirar caracterizada por respiração rápida e curta, geralmente associada a doença cardíaca ou pulmonar
- irradiação – propagação, difusão por meio de raios
- náusea – desejo ou ânsia de vômito; enjôo
- ortopnéia – dificuldade de respiração provocada por certas doenças, especialmente quando o paciente se encontra deitado
- paraesternal – de para-: proximidade; oposição; para além de; defeito; semelhança; e esterno: osso longo e achatado situado na parte vertebral do tórax (...) que se articula com as primeiras sete costelas e a clavícula

- síncope – perda dos sentidos devido à ausência de irrigação sangüínea no encéfalo
- sudorese – secreção de suor, transpiração

Além dessas sete palavras, há outras duas que não foram encontradas no dicionário: hemotransfusão e protatismo. Mas, é possível especular a respeito do significado delas: hemotransfusão parece referir-se à transfusão de sangue e protatismo à prostração. Das sete palavras com significado encontrado no dicionário de língua geral (Houaiss, Villar, 2001), apenas duas têm mais de uma acepção, além da específica da área médica: náusea e síncope.

A grande concentração de palavras da área médica aponta para o verdadeiro trabalho de "tradução" a que o médico é obrigado ao escrever a anamnese, tradução que caracteriza a transferência do senso comum para a linguagem de especialidade de uma área do conhecimento humano, já que, nas palavras de Scliar (2002: 54-55):

> Boa parte do estudo da medicina consiste exatamente nisto, em aprender a linguagem médica, o "mediquês". Diz Susan Sontag (em Illness as a Metaphor) que a doença é outra cidadania. Ora, outra cidadania supõe outro idioma, ou outros idiomas. Um desses idiomas é aquele falado pelo corpo enfermo: a tosse, o gemido, o sibilo. Outro é o idioma em que o paciente expressa seu sofrimento. O mediquês é a tradução desses dois idiomas. Traduzir significa facilitar a comunicação entre profissionais; mas traduzir é também se proteger contra a ansiedade causada pela doença, que, ao fim e ao cabo, derrotará o médico a morte continua sendo inevitável.

Assim, com a tradução, obtêm-se outra cidadania e proteção contra as mazelas do cotidiano médico, que, apesar de todo o conhecimento e de toda a tecnologia, continua perdendo a batalha contra a morte.

Além das palavras estudadas acima, há outra expressão que não passou pelo processo de tradução e manteve-se como foi proferida pelo paciente: "("tipo azia")". Há uma marca gráfica que indica a ausência desse processo: as aspas. As aspas são utilizadas na História da Doença/Moléstia Atual, segundo a semiologia médica, para separar as palavras do paciente das palavras do médico. Associada à marca gráfica, há informação lingüística: em Brasília, quando os falantes querem exemplificar algo, em vez de utilizarem "como" usam "tipo", por exemplo: "A saia dela era tipo de crepe.". Como o paciente compara o que estava sentindo à azia, usou "tipo" e o médico reproduziu a fala dele na anamnese com a devida separação gráfica.

Encerrados os comentários quanto ao vocabulário, passo aos verbos.

Verbos

A leitura atenta do exemplo (01) faz saltar aos olhos o uso especializado de determinados verbos, como "referir", "negar", "relata", "apresenta". Desses quatro, opto por considerar dois: referir e negar.

O verbo referir é empregado no seguinte contexto: "Paciente refere que há 2 dias (...)". À primeira vista, o uso do verbo está equivocado, já que os falantes de língua portuguesa costumam utilizar este verbo no sentido de "ter relação com". Entretanto, a consulta ao dicionário torna-se surpreendente (Houaiss, Villar, 2001):

> **referir 1** t.d.bit. expor de viva voz ou por escrito; contar, narrar, relatar. **2** t.d.bit. trazer à baila, citar, alegar. **3** bit. atribuir, imputar. **4** bit. e pron. Fazer menção a; reportar(-se), aludir(-se). **5** pron. ter relação com.

Nas anamneses, contrariamente à expectativa, o verbo "referir" é empregado na primeira acepção, o que significa que aquele é o sentido primeiro da palavra e que todos os outros são secundários e/ou derivados, assim como a acepção em que nós o utilizamos. Portanto, em vez de equívoco, temos precisão no consueto.

O segundo destaque é para o verbo "negar", também ocorrente em contextos específicos: "Nega relação do sintoma com esforço físico", "Nega ortopnéia, turvação visual, pré-síncope, síncope e outras queixas.", "Nega HAS, DM e outras doenças", "Nega cirurgias, alergias a medicamentos e hemotransfusões"; e "Nega sintomas de protatismo".

A leitura das anamneses aponta para a possibilidade de que o verbo "negar" é usado para marcar a resposta que o paciente deu ao médico, ao ser indagado quanto a outros sintomas que o pudessem ter acometido. Assim, o médico exime-se de responsabilidade, ao querer dizer que não foi ele que afirmou isso ou aquilo, mas o paciente que negou que não tem isso ou aquilo. O ônus da verdade informacional recai sobre o paciente.

Por fim, trato das siglas, elemento recorrente nas anamneses tanto quanto é dificultador da compreensão do que se escreve a respeito do paciente.

Siglas

Na anamnese, há ocorrência considerável de siglas. Para mim, elas são as maiores dificultadoras da compreensão do exame clínico pelo paciente, já que os substantivos se encontram nos dicionários, mas as siglas não, além da possibilidade de a mesma sigla ter significados distintos em diferentes áreas de especialidade.

No exemplo (01), há as seguintes siglas: DF, MG, SL, IAM, HUB, AAS, HAS e DM. Dessas oito, no contexto em que ocorrem, é possível saber o significado de 2: DF - Distrito Federal e MG - Minas Gerais. Duas podem ser decodificadas com um pouco mais de conhecimento de mundo: AAS - ácido acetil-salicílico e HUB - Hospital Universitário de Brasília. As outras quatro não são decodificáveis por pessoas de fora do mundo médico, e diria até da especialidade clínica a que pertence a anamnese do exemplo (01), a cardiologia. Segundo conhecimentos adquiridos com a leitura constante de anamneses, IAM é infarto agudo do miocárdio e HAS é hipertensão arterial. Restam ainda duas siglas - DM e SL - com significado desconhecido para mim.

Existe a possibilidade de eu perguntar aos médicos qual é o significado de DM e SL, mas esse procedimento metodológico não cabe na minha dissertação, porque procuro agir como um paciente que, exercendo o direito que tem, lê e tenta compreender o próprio prontuário sozinho.

Considerações finais

O objetivo desse artigo é tecer alguns comentários a respeito de informações lingüísticas obtidas em anamneses de primeira consulta no Ambulatório do Hospital Universitário de Brasília - HUB, a partir dos registros escritos nos prontuários arquivos no Hospital. Os comentários voltaram-se para o vocabulário, os verbos e as siglas encontradas.

Quanto ao uso maciço de substantivos pertencentes à área de especialidade de medicina, considero que este é o único caminho possível. Cada área do conhecimento utiliza vocabulário específico, que também a ajuda a ser diferente de todas as outras. A lingüística faz isso, e a Medicina também. As anamneses não podem ser escritas com a reprodução das palavras do paciente, sem o processo de tradução realizado pelos médicos, porque isso dificultaria o aproveitamento da anamnese para o ensino e a pesquisa, funções que também cabem a ela. Prejudicaria o ensino porque os estudantes não aprenderiam os nomes técnicos e prejudicaria a pesquisa porque a mesma anamnese poderia ser entendida de várias maneiras em diferentes regiões geográficas no mesmo país. O imprescindível é que o médico fale com o paciente na modalidade lingüística que o paciente entende e não se canse de reexplicar cada vez que isso lhe for solicitado pelo paciente.

Quanto às estruturas fixas, ou seja, os verbos utilizados nos mesmos contextos, existe a função mnemônica: não é preciso criar e modificar o que pode ser igual. A questão que se coloca é o uso indiscriminado de determinados verbos em contextos que estariam muito mais claros se se usassem outros verbos. Realmente, este não é texto em que criatividade, inovação, riqueza vocabular, por exemplo, contam muito. Importa mais a precisão informacional. E isso é obtido com os enunciados repetidos. Pensando em prontuários eletrônicos, os enunciados recorrentes facilitam a criação e a implementação de macros eletrônicas, que adiantariam, e muito, o atendimento ambulatorial.

Por fim, quanto às siglas, essas sim são dificultadoras da leitura, do entendimento, do ensino e da pesquisa. Nem a provável vantagem de economia de tempo pode justificar o uso de siglas, porque o tempo que se gasta para decodificá-las é maior do que o tempo para escrevê-las por extenso.

Este trabalho ainda está em processo. Aqui estão sumarizadas as primeiras descobertas que tenho feito no fascinante mundo das anamneses. Mas, mesmo assim, já se pode afirmar que o gênero discursivo anamnese caracteriza-se por ter muito vocabulário da área de especialidade de medicina, verbos específicos usados em contextos determinados e muitas siglas. Maiores descobertas estão reservadas para o decorrer do desenvolvimento da pesquisa.

Notas

[1] Agradeço ao Conselho Nacional de Pesquisa – CNPq pela Bolsa de Mestrado que propicia o desenvolvimento desta pesquisa. Contato: ccgalvao@terra.com.br

Referências bibliográficas

BACELAR, S.; GALVÃO, C.C.C.; ALVES, E.; TUBINO, P. *Expressões errôneas e sugestões corretivas*. *Brasília Med* 2001; 38(1/4): 58-63.

CONSELHO Federal de Medicina. *Código de Ética Médica*. http://www.pet.famed.ufu.br/etica/

HOUAISS, A.; VILLAR, M. de S. *Dicionário Houaiss da língua portuguesa*. Rio de Janeiro: Objetiva, 2001.

PORTO, C.C. *Semiologia médica*. 3.ed. Lisboa: Guanabara Koogan, 1997.

SCLIAR, Moacyr. *A linguagem médica*. São Paulo: Publifolha, 2002. (Folha Explica)

DIVULGAÇÃO CIENTÍFICA: CIÊNCIA OU JORNALISMO?

Lilian Márcia Simões Zamboni

Introdução

O discurso da divulgação científica (DC) tem constituído um campo fértil de investigação para os analistas de discurso (particularmente os filiados à linha francesa), devido ao fato – reconheçamos: excepcional – de revelar o fenômeno do dialogismo como uma verdadeira *mise-en-scène* da alteridade (Authier, 1982). Apoiada firmemente numa abordagem que postula o discurso como produto do interdiscurso e na concepção de dialogismo tal como veiculada pelo círculo de Bakhtin, a pesquisadora francesa investiga o fenômeno da heterogeneidade no terreno da divulgação científica e descobre, nesse *locus*, a manifestação de "uma atividade enunciadora da qual a divulgação é o produto, uma representação de sua própria produção" (Authier,1982:36), na medida em que, no quadro global de discurso relatado, funciona uma "dupla estrutura enunciativa", na qual os diversos elementos intervenientes – os interlocutores e o quadro de enunciação do discurso-primeiro, os interlocutores e o quadro de enunciação do discurso-segundo – são colocados em ação de maneira vigorosa.

Buscando depreender as formas portadoras do que chamou de "não-coincidência interlocutiva" (Authier-Revuz, 1990), a autora apresenta uma distinção entre i) as expressões que tentam evitar a duplicidade *um-outro*, na busca de restaurar a unicidade; e ii) as expressões que demonstram a consciência da duplicidade *um-outro* e fazem trabalhar os dois. Estão vinculadas a este segundo grupo as seqüências tipicamente manifestas na divulgação científica, quando o divulgador utiliza as palavras do *outro* (no caso, do cientista) consoante a fórmula "as palavras que eu utilizo são as tuas, não as minhas".

Heterogeneidade discursiva

A noção de heterogeneidade – que veio a marcar a chamada terceira época da análise do discurso francesa (AD) – despontou graças à permanente recusa de muitos estudiosos em admitir ontologicamente a existência de entidades monolíticas, homogêneas e unas do campo da linguagem. Passou-se a suspeitar da estreiteza de uma concepção que circunscrevia o sujeito a traços de homogeneidade e unicidade. Antes de fazer implodir a noção de sujeito uno, já se revelavam na AD suspeitas da mesma natureza sobre a concepção até então estabelecida de formação discursiva (FD). Dessa suspeição, ou de uma falta de acomodação do conceito foucaultiano ao quadro conceptual da AD, resultaria a vitalidade da noção de interdiscurso, com o reconhecimento de que não há um limite rígido que separa o "interior" de uma formação discursiva do seu "exterior", dada a irrupção de múltiplas linguagens onde se esperaria ocorresse uma única. Maingueneau (1984:11) chega a afirmar que "a unidade de análise pertinente não é o discurso, mas um espaço de trocas entre vários discursos convenientemente escolhidos."

A noção de heterogeneidade

> [...] começa a fazer explodir a noção de máquina estrutural fechada na medida em que o dispositivo da FD está em relação paradoxal com seu 'exterior': uma FD não é um espaço estrutural fechado, pois é constitutivamente 'invadida' por elementos que vêm de outro lugar (isto é, de outras FD) que se repetem nela, fornecendo-lhe suas evidências discursivas fundamentais (por exemplo, sob a forma de 'pré-construídos' e de 'discursos transversos'). (Pêcheux, 1990: 314).

Na esfera de alcance da subjetividade, a tendência a reconhecer a heterogeneidade provoca uma relativização no par *eu-tu*, que vai apresentar como conseqüência o *outro* como constitutivo do sujeito, compartilhando com esse último o espaço discursivo da enunciação. Assim, toda fala "é determinada de fora da vontade do sujeito" de tal modo que este "é mais falado do que fala" (Authier-Revuz, 1984).

Tomando por base as reflexões do círculo de Bakhtin, Authier-Revuz (1982) formula o princípio da heterogeneidade constitutiva do discurso e o da heterogeneidade mostrada no discurso. Retomo-os sucintamente. O primeiro está ligado aos processos reais de constituição de um discurso: o segundo, aos processos de representação (mas nem por isso irreais ou menos reais), em um discurso, de sua constituição. A heterogeneidade constitutiva dá conta da presença inevitável do *outro* no discurso, ou seja, de uma exterioridade interna ao sujeito, onde jogam o interdiscurso e o inconsciente. Para tal lingüista, a heterogeneidade constitutiva liga-se, em outra vertente, à questão do discurso como produto do interdiscurso, com seu funcionamento regulado do exterior, do pré-construído, para o que se faz necessária uma teoria da ilusão subjetiva da fala. A concepção de um sujeito como entidade não-homogênea articula-se com a idéia psicanalítica do discurso atravessado pelo inconsciente, donde resulta um sujeito "descentrado, dividido, clivado, barrado...", portador da ilusão necessária de "ser o eu".

A heterogeneidade mostrada afirma a figura de um enunciador exterior ao discurso do sujeito, por meio de "formas lingüísticas que representam os diversos modos de negociação do sujeito falante com a heterogeneidade constitutiva de seu discurso." (Authier-Revuz: 1982:99). A unicidade aparente da cadeia discursiva resta alterada, pois nela entraram formas nas quais se inscreveu o *outro*.

A heterogeneidade constitutiva do sujeito e do seu discurso encontra-se fortemente vinculada à noção bakhtiniana de "dialogismo". O termo refere-se à "dialogicidade interna do discurso" (Bakhtin, 1993:88), fenômeno que participa da estrutura interna de todo discurso. Criticando a filosofia da linguagem e a lingüística por terem estudado o diálogo apenas como uma forma composicional de construção do discurso, extraído da realidade viva do discurso, Bakhtin estabelece o dialogismo como propriedade intrínseca de todo discurso, tanto das réplicas quanto das enunciações monológicas.

> A orientação dialógica é naturalmente um fenômeno próprio a todo o discurso. Trata-se da orientação natural de todo discurso vivo. Em todos os seus caminhos até o objeto, em todas as direções, o discurso se encontra com o discurso de outrem e não pode deixar de participar, com ele, de uma interação viva e tensa. (Bakhtin, 1993:88).

O princípio do dialogismo assume, nos escritos de Bakhtin, uma dupla perspectiva. De um lado, o dialogismo faz com que as "palavras dos outros" penetrem interativamente em qualquer discurso. Ao contrário de um aparecimento adâmico, as palavras não são neutras, nem virgens – assumem sua existência de palavras nos discursos nos quais adquiriram uma vida socialmente sustentada.

A outra perspectiva que assume a dialogicidade interna do discurso está no fato de todo discurso, tanto nas formas retóricas quanto nas monológicas, ser orientado para um interlocutor (real ou pressuposto, não importa). Ademais, o discurso "não pode esquivar-se à influência profunda do discurso da resposta antecipada" (Bakhtin, 1993:89), uma vez estar já "imediata e diretamente determinado pelo discurso-resposta futuro: ele é que provoca esta resposta, pressente-a e baseia-se nela." (*idem, ibidem*)

Vê-se que o foco de uma análise do discurso que recorta de tal maneira o objeto de ciência está centrado predominantemente nas formas de interveniência do *outro* no discurso, nas marcas por meio das quais a presença do *outro* vai pontuando o fio de discurso, na assunção de uma exterioridade interna ao sujeito, na qual jogam o interdiscurso e o inconsciente. Desviando-se o foco de análise para um outro lugar do quadro discursivo, donde emanam as particularidades oriundas do pólo do **eu**, é de se prever que despontem outros resultados, que podem trazer nova caracterização ao fenômeno iluminado. Vamos, portanto, girar a lanterna.

A subjetividade mostrada

Recusando-me a ver na atividade de produção da divulgação científica apenas uma modalidade de reformulação textual-discursiva, embora admitindo a heterogeneidade discursiva como um fenômeno que se manifesta na formação discursiva da divulgação científica, defendo a participação de um sujeito ativo na produção do discurso vulgarizado da ciência, que desempenha aí um *trabalho efetivo de formulação discursiva*, e não de mera reformulação (Zamboni, 2001).

Para dar conta desse trabalho que se faz não apenas *com a língua*, mas também *sobre a língua*, é preciso reconhecer a concorrência de um sujeito, cuja ação adquire visibilidade na exata medida em que constrói um estilo (Possenti, 1988). Assume-se, *ipso facto*, que a atividade do falante é de natureza constitutiva, vale dizer: a atividade da linguagem, muito mais do que *ação com a língua*, é, também e simultaneamente, *ação sobre a língua*. É a atividade de constituição que transforma o locutor em sujeito. Se a emergência do *outro* é condição inegável da existência de todo discurso, a presença do *eu* é a condição prévia da enunciação na qual aparece o *outro*. Torna-se imprescindível, portanto, admitir o trabalho do *eu*, que, tal como o do *outro*, deixa marcas de sua intervenção na construção e formulação do discurso da divulgação científica.

Encontro apoio para sustentar tais asserções nas posições teóricas de Possenti, principalmente no texto *O "eu" no discurso do "outro" ou a subjetividade mostrada*, de 1995. Aceitando as premissas da análise do discurso francesa, Possenti (1995) postula que o reconhecimento da presença do outro não constitui razão para se eliminar a necessidade de invocar o trabalho do sujeito falante no discurso. Criticando interpretações radicais que fazem derivar, de enunciados como "O sujeito não é uno", a idéia de que simplesmente o sujeito não existe, o autor resguarda sua defesa de um espaço para o *eu* prevenindo-se contra inferências errôneas acerca de sua posição. Admitir o trabalho do sujeito na língua não é atribuir a esse sujeito o pleno poder sobre sua consciência, intenção, origem do sentido, unicidade etc. e negar o inconsciente, o histórico, o social, o imaginário.

Analisando textos construídos a partir de modelos estereotipados ou muito conhecidos, o autor vê neles uma "inscrição de subjetividade", que revela o trabalho de um sujeito operando sobre e a partir de outro texto ou de um texto de outro. Torna-se visível, nesses casos, não apenas a presença do *outro* no discurso, mas também a interferência do *eu*.

Possenti percebe ocorrer esse trabalho marcadamente explícito do *eu* em textos curtos, de efeito humorístico, nos quais a parte mais "afetada" pelas interferências do *eu* à maneira de um jogo discursivo parece ser a materialidade lingüística, o significante. O autor defende a idéia de que, nesses jogos, "há um espaço para o eu, ou, mais do que isso, que se trata de um jogo que não seria possível sem o eu (...)" (p. 50).

Um dos dados que Possenti analisa é o enunciado "O Senor é meu pastor e nada me faltará", publicado em novembro de 1989 no jornal humorístico Planeta Diário. Nesse enunciado inscreve-se, para Possenti, "um sujeito tentando não deixar intocado um discurso de poder", no caso, o poder político, pois ele remete ao caso da venda de um partido pequeno a Sílvio Santos, cujo nome real é Senor Abravanel, que precisava, na época, de um partido para lançar sua candidatura a Presidente da República. Quem lhe vendeu o partido era pastor de uma seita religiosa, donde a remissão ao texto bíblico. Nesse dado, a estratégia do *eu*, para Possenti, "é apresentar-se como se fosse um outro, mas, sutilmente, imiscuir-se no discurso conhecido, no discurso do outro, alterando-o e deixando a marca de sua presença." (p. 51).

Em dados dessa natureza, a ação do sujeito é claramente mostrada, sendo impossível não detectá-la. Está-se diante, então, de casos que Possenti chama de *subjetividade mostrada*.

Exemplares para mostrar a subjetividade mostrada são ainda os provérbios. Pode ocorrer neles, por exemplo, a intervenção ativa de um sujeito que produz, pela alteração, algo novo, que pode ser um outro enunciado com a forma do provérbio primitivo. Ou pode ocorrer que o sujeito intervenha no provérbio de modo a provocar uma dada inversão em algum de seus componentes, ou na ideologia, como é o caso do segundo exemplo citado abaixo. Exemplo do primeiro caso é o que fez o apresentador de televisão Faustão, modificando um antigo provérbio bastante conhecido para: "Quando um não quer, o outro vira pro outro lado e dorme". Do segundo, é o que fez Chico Buarque na música "Bom Conselho", produzindo enunciados como: "Quem espera nunca alcança", "Devagar é que não se vai ao longe".

Neste ponto, é importante reter que a atividade do sujeito não pode ser desconsiderada "nas análises de determinados tipos de dados e para que seja possível ao analista dar-se conta de certos tipos de efeito." (p. 53). Outro ponto importante é prevenir quanto à possibilidade de a ação do sujeito se dar de forma diferente nos diferentes tipos de discurso, fato que requer critérios de análise específicos para sua explicação. De fato, tomando a construção do discurso científico e a do discurso da divulgação científica, numa larga visão panorâmica, não podemos dizer que tais discursos permitam perceber a interferência do *eu* no discurso do *outro*, da forma exemplar como o fazem e se oferecem ao analista os dados analisados por Possenti. O discurso científico, talvez o pólo que mais se distancia desses dados, se estrutura num certo sistema de normas e valores que buscam privilegiar e desejam obter o "ocultamento" da subjetividade, da origem enunciativa, ainda que aqui e ali apareçam índices de subjetividade, que revelam, no discurso da ciência, "um fazer persuasivo" (Coracini, 1991).

Já o discurso da DC opera de maneira diferente. Usando o discurso científico como uma fonte válida e legítima, constrói um discurso que não parece querer esconder o trabalho do *eu* atrás da cortina da objetividade, mas que até o mostra em vias de se produzir, como percebeu Jacqueline Authier na divulgação científica francesa. Além disso, a divulgação agencia uma série de estratégias e recursos retóricos, alguns dos quais habituais ao campo da publicidade e do *marketing*, como, por exemplo, a busca de envolvimento com o leitor, a que não se permitiria o cientista ao produzir um *paper*.

O discurso da DC: reformulação ou formulação de um novo discurso?

A partir da análise de material variado de divulgação científica (*Ciência Hoje, Globo Ciência, Superinteressante, Saúde! caderno Ciência da Folha de S. Paulo*), foi-se firmando minha discordância em relação às interpretações que caracterizam o discurso da DC como uma mera atividade de reformulação que transforma um discurso-fonte (no caso, o científico) em um discurso-alvo, ou discurso-segundo (o da divulgação científica). Nessa vertente inclui-se Jacqueline Authier. Em conseqüência dessa concepção, o discurso da vulgarização incorporaria a imagem de um discurso da ciência "*degradado*", de uma representação auto-estabelecida como "aproximativa, heterogênea, dialógica", num lugar "onde se celebra, ausente, um discurso absoluto, homogêneo, monológico, do qual ele mesmo não seria senão uma imagem degradada." (Authier, 1982:46).

Ocorre que Authier interpreta a "maquinaria visível" das operações no fio do discurso quando se "traduz" o discurso científico para o discurso vulgarizado como manifestação da heterogeneidade mostrada. Seu olhar privilegia a enunciação do *outro* no discurso do *eu*.

Olhando os dados, entretanto, com um referencial teórico que busca apreender o trabalho do *eu*, pode-se interpretar as marcas do trabalho de "tradução" do discurso-fonte para o discurso-alvo como *realizações efetivas do sujeito*, ou seja, como a manifestação da subjetividade mostrada (Possenti, 1995). Assim, nos segmentos onde o enunciador operou uma justaposição do tipo, por exemplo, "*A, isto é, B*" estaria a marca de uma subjetividade, que poderia ser entendida como submissão às coerções de uma dada formação discursiva (interpretação cara para a AD) ou como a busca de estratégias para vencer obstáculos de comunicação (idéia pertinente à pragmática). O que os dados me revelaram é que, longe de se representar como um discurso degradado, o discurso da divulgação científica é *vivo*, *colorido* e *envolvente*.

Divulgação científica: um gênero de discurso específico

O discurso da divulgação científica constitui, a meu ver, *um trabalho de efetiva formulação de um discurso novo*, do qual resulta a instituição de *um gênero de discurso específico* (Zamboni, 2001, capítulo 4), autônomo em relação ao discurso científico, que compartilha das propriedades definidoras dos gêneros discursivos, nos moldes definidos por Bakhtin. Para defender a caracterização do discurso da DC como um gênero discursivo próprio, busquei apoio em Bakhtin (1992:203), que diz: "Para falar, utilizamo-nos sempre dos gêneros do discurso, em outras palavras, todos os nossos enunciados dispõem de uma forma padrão e relativamente estável de estruturação de um todo.".

Os gêneros refletem as condições específicas e as finalidades de cada uma das esferas de utilização da linguagem no tocante a três aspectos: conteúdo temático, estilo verbal e construção composicional. É inegável que a DC responde adequadamente ao primeiro desses aspectos, dada a centração no assunto "ciência". Por estilo, entende Bakhtin a seleção entre os recursos lexicais, fraseológicos e gramaticais da língua. Dadas suas condições de produção específicas, o discurso da DC abre-se para o emprego de analogias, generalizações, aproximações, comparações, simplificações, recursos que contribuem para corporificar um estilo que vai se constituir como marca da atividade vulgarizadora. No aspecto composicional, as formas de estruturação do discurso da DC e as diferentes relações entre a instância do locutor e a do destinatário vão pôr em funcionamento procedimentos discursivos variados, nos quais se incluem: a recuperação de conhecimentos científicos tácitos, fórmulas de envolvimento, segmentação da informação, além de outros.

Segundo ponto importante: o discurso da DC não pertence ao campo do discurso científico. Uma vez que toda a configuração das condições de produção da DC é outra, diferente daquela que cerca a produção do discurso científico, outro será o resultado gerado nessas novas condições. Não se produz mais um discurso científico, nem sequer está ele situado no campo científico. Portanto, o divulgador, seja ele um cientista ou um jornalista, não está produzindo *papers*. Muito menos *papers* em linguagem leiga. A produção de matérias de divulgação científica se dá num gênero de discurso determinado, específico, que não se confunde com a produção de matérias de ciência.

Tal assunção estabelece uma nova ordem discursiva. Nessa nova ordem, não cabe demandar dos discursos vulgarizadores os mesmos imperativos aos quais responde o discurso da ciência. A DC pode ser melhor concebida se enquadrada num sistema produtivo que faz da ciência uma mercadoria à cata de consumidores (ou de financiamentos...).

Referências bibliográficas

AUTHIER, J. La mise-en-scène de la communication dans des discours de vulgarisation scientifique. *Langue Française*, 53, Paris, Larousse, 1982, p. 34-47.

AUTHIER-REVUZ, J. Hétérogénéité montrée et hétérogénéité constitutive: éléments pour une approche de l'autre dans le discours. *DRLAV - Revue de linguistique*. Paris, Centre de recherché de l'université de Paris VII/ CNRS, n.26, 1982, p. 91-151.

_____. Hétérogénéité(s) énonciative(s). *Langages*. Paris, Larousse, n. 73, 1984, p. 98-111.
_____. La non-coïncidence interlocutive et ses reflets meta-énonciatives". *In*: BERRENDONER, A. & PARRET, H. (Eds.). *L'interaction communicative*. Berne/Frankfurt/New York/ Paris: Peter Lang, 1990.

BAKHTIN, M. *Estética da criação verbal*. São Paulo: Martins Fontes, 1992.
_____. *Questões de literatura e de estética*: a teoria do romance. 3.ed. São Paulo: Hucitec/UNESP, 1993.

CORACINI, M.J.R.F. *Um fazer persuasivo*: o discurso subjetivo da ciência. São Paulo: Educ/Campinas: Pontes, 1991.

MAINGUENEAU, D. *Genèses du discours*. Liège/Bruxelles: Pierre Mardaga, 1984.

PÊCHEUX, M. A análise do discurso: três épocas (1983). *In*: GADET, F. & HAK, T. (Orgs.). *Por uma análise automática do discurso*: uma introdução a obras de Michel Pêcheux. Campinas: Editora UNICAMP, 1990. Col. Repertórios, p. 311-318.

POSSENTI, S. *Discurso, estilo e subjetividade*. São Paulo: Martins Fontes, 1988.
_____. O 'eu' no discurso do 'outro' ou a subjetividade mostrada. *Alfa*, São Paulo, 39, 1995, p. 45-55.

ZAMBONI, L.M.S. *Cientistas, jornalistas e a divulgação científica*: subjetividade e heterogeneidade no discurso da divulgação científica. Campinas: Autores Associados/Fapesp, 2001.

SEMIÓTICA GREIMASIANA E ANÁLISE DO DISCURSO: UMA ARTICULAÇÃO POSSÍVEL

Gláucia Muniz Proença Lara

Introdução

Uma vez que entendemos o texto (o discurso)[1], ao mesmo tempo, como objeto de significação e como objeto histórico, já que se trata de aspectos complementares e não excludentes, julgamos que uma análise de discursos deve levar em conta tanto os mecanismos intradiscursivos quanto os mecanismos interdiscursivos que atuam no processo de constituição do sentido.

Não basta, portanto, saber o quê e como o texto diz, mas também em que circunstâncias ele o diz, resgatando, para tanto, as condições sócio-históricas de sua produção e recepção. Isso significa estudar o plano de conteúdo dos discursos considerados, por meio do percurso gerativo, tal como foi proposto pela semiótica greimasiana, mas também relacionar o que eles dizem com o contexto, tomando por base, desta vez, a análise do discurso de linha francesa – abreviadamente AD.

Esse tipo de integração entre as duas abordagens teóricas mencionadas é também proposta por Barros (1988:5-6). Na sua opinião, a semiótica greimasiana encontra-se suficientemente avançada para oferecer princípios, técnicas e métodos adequados do que se costuma denominar *análise interna* do discurso, constituindo-se, na atualidade, um dos modelos mais completos de abordagem das estruturas narrativas. No entanto, a autora reconhece que tal teoria não tem tratado ainda, de forma satisfatória, das relações entre o discurso e o contexto (descrição a que se tem atribuído o nome de *análise externa* do texto, tomado como objeto histórico).

Em outras palavras: a semiótica greimasiana, ao tomar o texto como objeto de significação e privilegiar o estudo das relações intratextuais, isto é, dos mecanismos e procedimentos que o estruturam, não se tem ocupado, como deveria, das variáveis sócio-históricas ou condições de produção, que engendram, com as lingüísticas, o sentido do discurso, questão privilegiada pela AD.

Barros (1988:5) propõe, então, como hipótese conciliatória,

> [...] integrar, por meio da enunciação, uma abordagem interna do texto, indispensável para que se reconheçam os mecanismos e regras de engendramento do discurso, com a análise externa do contexto sócio-histórico, em que o texto se insere e de que, em última instância, cobra o sentido.

Isso significa utilizar como base para a análise de discursos, de um lado, a semiótica greimasiana e, do outro, a AD, considerando que essas duas teorias podem ser utilizadas de forma complementar. Aliás, Barros (1988) admite que a enunciação, mediadora entre formações sociais e discursivas, já encontrou, há muito, espaço na proposta semiótica. Nesse sentido, trabalhos importantes, como os que foram realizados no Brasil por Barros (1988; 1990) e por Fiorin (1988a; 1988b), têm desenvolvido, de forma bastante apropriada, essa "perspectiva conciliatória" entre a semiótica greimasiana e a AD.

Inserindo-se no quadro das teorias que se ocupam do texto (do discurso), entendido como uma totalidade de sentido, dotada de uma organização específica que cabe ao analista apreender, a teoria semiótica, desenvolvida na França em torno da obra de Algirdas Julien Greimas, dá especial relevo, conforme já dissemos, ao conceito de texto enquanto objeto de significação e, por conseguinte, preocupa-se em estudar os mecanismos que o engendram, que o constituem como um todo significativo. Em outras palavras: procura descrever e explicar o que o texto diz e como ele faz para dizer o que diz, examinando, em primeiro lugar, o seu plano de conteúdo, que é concebido sob a forma de um *percurso gerativo.*

Por essa expressão, Greimas & Courtés (1993:157-8) designam a disposição dos componentes de uma teoria semiótica uns em relação aos outros, dentro da perspectiva da geração, isto é, postulando que, em todo objeto semiótico, podendo ser definido segundo o modo de sua produção, os componentes que intervêm nesse processo se articulam uns com os outros segundo um *percurso* que vai do mais simples e abstrato ao mais complexo e concreto.

O percurso gerativo de sentido comporta três etapas: as estruturas fundamentais, instância mais profunda, em que são determinadas as estruturas elementares do discurso; as estruturas narrativas, nível sintático-semântico intermediário; e as estruturas discursivas, mais próximas da manifestação textual, que, como o próprio nome indica, se encarregam de *colocar em discurso* as estruturas semióticas de superfície, fazendo-as passar pela instância da enunciação. Cada um desses patamares é dotado de uma sintaxe, entendida como o conjunto de mecanismos que ordena os conteúdos, e de uma semântica, tomada como os conteúdos investidos nos arranjos sintáticos, sendo que uma mesma relação sintática pode receber uma variedade imensa de investimentos semânticos (cf. Fiorin, 1989:18-19).

Temos, assim, uma semântica fundamental que – ao lado da sintaxe fundamental – corresponde à instância *a quo* do percurso gerativo. As unidades que a instituem são, no entender de Greimas & Courtés (1993:330-1), estruturas elementares da significação e podem ser formuladas como categorias semânticas, suscetíveis de ser articuladas sobre o quadrado semiótico. Já a sintaxe fundamental procura dar conta, ao mesmo tempo, do modo de existência e do modo de funcionamento da significação, por meio de dois tipos de operações: a negação e a asserção. Se a operação de negação serve essencialmente para produzir os termos contraditórios, a asserção é capaz de reunir os termos situados nos eixos dos contrários e dos subcontrários.

No patamar seguinte, temos a sintaxe e a semântica narrativas. Esta deve ser considerada, segundo Greimas & Courtés (*op.cit.*:331-2), como a instância de atualização dos valores que são, então, assumidos por um sujeito. O molde sintático onde se dá o investimento dos valores selecionados é o enunciado de estado. Independentemente da natureza do valor – que pode ser modal ou descritivo, subjetivo ou objetivo – sua inscrição no actante-objeto em junção com o sujeito define este último no seu *ser* móvel, mobilizável, em vista do programa narrativo que o transformará.

A sintaxe narrativa, por sua vez, consiste numa *manipulação de enunciados.* O enunciado elementar da sintaxe narrativa caracteriza-se pela relação de transitividade entre dois actantes: o sujeito e o objeto, apresentando duas formas possíveis: os enunciados de estado e os de fazer, estes regendo aqueles assim como as transformações operam sobre as relações. A estrutura constituída por um enunciado de fazer regendo um enunciado de estado – denominada programa narrativo ou abreviadamente PN – é considerada a unidade elementar operatória da sintaxe narrativa, situando-se duplamente na dimensão pragmática e na dimensão cognitiva da narratividade.

É preciso considerar ainda que todo PN de fazer pressupõe logicamente um PN modal. Teremos, assim, ao lado de um "fazer-ser", que corresponde à perfórmance do sujeito, modalidades – tais como as do querer-fazer ou do poder-fazer – como condições necessárias para a realização dessa perfórmance, o que constitui a competência modal do sujeito. A seqüência lógica dos programas de competência (pressuposto) e de perfórmance (pressuponente) constitui o percurso narrativo do sujeito (cf. Greimas & Courtés, 1993: 381-3).

Além do percurso do sujeito que, conforme constatamos, se define pela aquisição da competência necessária à perfórmance e pela execução dessa ação, há dois outros percursos: o do destinador-manipulador e o do destinador-julgador, que enquadram o do sujeito. Para Greimas e Courtés (*op.cit.*:95), o destinador é quem comunica ao destinatário-sujeito não apenas os elementos da competência modal, mas também os valores em jogo (destinador-manipulador); é também aquele a quem é comunicado o resultado da perfórmance do destinatário-sujeito a quem lhe cabe sancionar (destinador-julgador).

Chegamos, finalmente, ao último patamar do percurso gerativo. Do ponto de vista sintático, os procedimentos de *colocação em discurso* ou de discursivização, que entram em jogo na instância da enunciação, levam, graças aos mecanismos de debreagem e de embreagem, à constituição de unidades discursivas. Pode-se distinguir três subcomponentes da discursivização: a actorialização, a temporalização e a espacialização que, enquanto procedimentos, permitem inscrever as estruturas narrativas – de natureza lógica – em coordenadas espácio temporais e de converter os actantes em atores discursivos (cf. Greimas & Courtés, *op.cit.*:379-80). A sintaxe discursiva abrange também as relações entre enunciador e enunciatário, enfocando os procedimentos argumentativos utilizados pelo primeiro para persuadir ou convencer o segundo.

Paralelamente, no âmbito da semântica, novos investimentos vão acompanhar essa reorganização sintagmática. Um percurso narrativo dado pode, então, ser convertido, por ocasião da sua discursivização, seja em um percurso temático, seja, numa etapa posterior, em um percurso figurativo. Isso quer dizer que todos os textos tematizam o nível narrativo, isto é, revestem os esquemas narrativos abstratos com temas, podendo, em seguida, concretizar ainda mais o nível temático, revestindo-o com figuras. Teríamos, por conseguinte, duas grandes classes de discurso: os temáticos e os figurativos que, segundo Barros (1990: 71), se definem não pela exclusividade, mas pela predominância de elementos abstratos ou concretos.

Feita essa rápida incursão pelos domínios da teoria semiótica, percebemos que um texto se constrói como uma superposição de níveis de profundidade diferente, num processo de invariância crescente (do nível superficial ao mais profundo), sendo cada uma das etapas suscetível de ser descrita e explicada por uma gramática autônoma, embora o sentido do texto dependa da relação entre os níveis.

Considerando, por outro lado, que o discurso é o espaço privilegiado de imbricação entre o lingüístico e o ideológico, teremos que admitir com Fiorin (1988b: 19) que o lugar, por excelência, da manifestação ideológica, dentro do percurso gerativo, é o componente semântico do nível discursivo. Isso porque os temas e as figuras que ali se deixam apreender constituem as formações discursivas (FDs)[2] que materializam, por meio da linguagem, as formações ideológicas (FIs) que lhes são correspondentes.

É sobretudo nessa etapa da análise que recorreremos à AD – para complementar a análise do componente semântico do patamar discursivo –, uma vez que a questão da ideologia e das noções a ela relacionadas, tais como as de FD e de FI, tem sido um dos pontos privilegiados de reflexão da referida teoria. Recorreremos também à noção de "jogo de imagens" proposta por Pêcheux (1990: 79-87). Para o autor, os lugares determinados na estrutura de uma formação social são "representados" por uma série de formações imaginárias, que intervêm a título de condições de produção do discurso: a imagem que o falante tem de si, a que tem do seu ouvinte, a que tem do referente etc.

Segundo Maingueneau (1993: 13-4), a AD apóia-se crucialmente nos conceitos e métodos da Lingüística, mas é preciso levar em conta outras dimensões, tais como o quadro das instituições em que o discurso é produzido, as quais restringem fortemente a enunciação; ou ainda os conflitos históricos, sociais etc. que se cristalizam nos discursos.

Inscrevendo-se, pois, num quadro teórico que articula o lingüístico com o sócio-histórico, a AD terá na *ideologia* e no *discurso* seus conceitos nucleares. Pêcheux & Fuchs (1990:163-79), partindo da definição de formação social como uma conjuntura em que várias FIs se confrontam, consideram uma FI como "um conjunto de representações que não são nem 'individuais' nem 'universais', mas se relacionam mais ou menos a *posições de classe* em conflito umas com as outras" (grifo dos autores). As FIs, por sua vez, comportam necessariamente, como um de seus componentes, uma ou várias FDs interligadas que "determinam o que pode e o que deve ser dito a partir de uma posição dada numa conjuntura, isto é, numa certa relação de lugares, no interior de um aparelho ideológico, e inscrita numa relação de classes" (p. 166-7).

Entretanto, se uma FD determina a seus falantes *o que pode e o que deve ser dito,* buscando uma homogeneidade discursiva, ela não é um bloco compacto, mas uma realidade heterogênea por si mesma, o que significa que seu fechamento é fundamentalmente instável, deslocando-se em função dos embates da luta ideológica (cf. Courtine, 1981:49-50). Tal questão traz como correlata a necessidade de definir uma FD a partir do seu interdiscurso – o espaço de regularidade pertinente, do qual os diversos discursos são componentes – já que ela é atravessada por várias FDs, não se constituindo, conseqüentemente, em um bloco fechado sobre si mesmo. Courtine (*op.cit.*) considera, portanto, o interdiscurso como a unidade de análise pertinente.

Para Possenti (1990:52), a AD, em sua fase mais recente, passou a trabalhar sob o signo da heterogeneidade[3], tendo na polifonia a marca característica dos discursos, ou seja, os *ingredientes* lingüísticos de cada discurso (palavras, enunciados etc) carregam a memória de outros discursos, são atravessados por várias FDs. Levando, pois, em conta o conceito de heterogeneidade que anima a AD, o pesquisador terá como tarefa apreender, via interdiscurso, as diferentes FDs que atravessam um dado discurso, relacionando-as à(s) FI(s) em jogo. Com isso, estará resgatando as variáveis sócio-históricas que engendram, com as lingüísticas, o sentido do discurso e privilegiando a relação texto/contexto, o que lhe permitirá complementar e enriquecer a análise dos mecanismos intradiscursivos, obtidos via semiótica greimasiana. Vejamos como essa dupla abordagem teórica funciona na análise de discursos concretos.

No caso do discurso do professor de português[4], é possível observar, num primeiro momento, que o português se mostra como duas línguas diferentes: uma é a *norma culta*, tomada como a "verdadeira" língua; a outra é a *variante popular*, entendida como adulteração da norma culta. Do ponto de vista da semiótica greimasiana, a partir das oposições que se estabelecem entre essas "duas línguas", chegamos à categoria semântica de base /identidade/ *vs* /alteridade/, o primeiro termo do par, referente à norma culta, sendo axiologizado positivamente e o segundo, relacionado à variante popular, negativamente.

Já no nível narrativo, vemos sujeitos-falantes que, em sua grande maioria, mantêm uma relação de disjunção com o objeto língua portuguesa (= norma culta), no qual se investem os valores representados pela "identidade" (unicidade, imobilidade, regularidade, superioridade, entre outros). Logo, os falantes, em geral, não aparecem como sujeitos competentes para a realização da perfórmance – esperada e valorizada pela escola/sociedade – de falar "corretamente" (de acordo com a norma culta). Não se tornam, portanto, sujeitos realizados, não chegando a alterar sua relação com o objeto-valor de disjuntiva para conjuntiva.

Ao percurso do sujeito, junta-se o do destinador (= a escola, a sociedade) que tanto determina os valores a serem visados pelo sujeito:

a "identidade" inscrita na norma culta (embora sem dotá-lo de todos os valores modais necessários à realização da ação), quanto verifica a conformidade ou não da sua conduta com esses valores, responsabilizando-se pela sanção (cognitiva e pragmática). Nessa perspectiva, o indivíduo que não utiliza a *forma culta, correta, polida* da língua, *adequada às regras gramaticais*, é reconhecido como mau falante (*inculto, "caipira"*) e, conseqüentemente, marginalizado socialmente, além de não *ter sucesso nas atividades profissionais* (*na obtenção de um bom emprego,* por exemplo).

No nível discursivo (âmbito da sintaxe), examinando as relações, sobretudo argumentativas, que se instauram entre enunciador e enunciatário, observamos que, na sua condição de enunciadores, os professores de português utilizaram procedimentos diversos (provas centradas na noção de dever, seleção de qualificações semânticas, uso de argumentos de autoridade, de provérbios e máximas, de frases feitas e figuras de linguagem, entre outros) na construção do seu fazer-persuasivo-discursivo, buscando reproduzir o discurso tido como aprovado e valorizado, dentro e fora do contexto escolar, isto é, aquele que enfatiza a beleza e a riqueza da língua portuguesa, definindo-a como símbolo da pátria e postulando que o dever do sujeito é amá-la e respeitá-la, buscando sempre a expressão "correta".

Já no âmbito da semântica discursiva, temos discursos predominantemente temáticos, em que aparecem ocasionalmente algumas figuras. Por exemplo: a língua portuguesa pode ser figurativizada como *a última flor do Lácio* ou como *um bicho-de-sete-cabeças*, segundo se insira no percurso temático da perfeição ou no da inacessibilidade.

Considerando que o discurso que valoriza a norma culta encontra-se em relação dialógica (polêmica) com o discurso que menospreza a variante popular, podemos estabelecer percursos temáticos em oposição, os primeiros referindo-se à norma culta e os segundos, à variante popular: a) *perfeição* (beleza, riqueza, correção) *vs imperfeição* (pobreza, deselegância, vulgaridade); b) *ordem* (padronização, gramaticalidade, sistematização) *vs caos* (agramaticalidade, desordenação); c) *prestígio* (reconhecimento social e profissional, oficialidade, formalidade) *vs desprestígio* (discriminação social e profissional, coloquialidade, informalidade); entre outros.

Por sua vez, no âmbito da AD, podemos recorrer aos conceitos complementares propostos por Maingueneau (1991: 157-8) para refinar o termo "interdiscurso". Temos, assim, no interior do *universo discursivo*, um *campo discursivo* da língua, em que várias FDs se encontram em concorrência, delimitando-se reciprocamente. Dentro do campo, podem ser isolados *espaços discursivos*, isto é, subconjuntos que ligam ao menos duas FDs que o analista julga pertinentes para seus propósitos. Logo, se fizermos um "recorte" das FDs que atravessam o discurso do professor de português, constatamos a existência de pelo menos dois espaços discursivos.

No primeiro, opõem-se o discurso do senso comum (que se mescla com a "voz" da escola e aparece como a FD dominante) e a lingüística de caráter científico (ou Lingüística). Aquele, supervalorizando a norma culta, ou seja, tomando-a como a melhor, a mais bela, a mais correta, acaba por conceber a língua como um bloco estável, compacto e uniforme e não como um conjunto estruturado de variedades, visão enfatizada pela Lingüística ou, mais especificamente, pela Sociolingüística. Já no segundo espaço discursivo por nós recortado, opõem-se um discurso pedagógico tradicional, que insiste na memorização das regras gramaticais para um "bom" desempenho lingüístico, sobretudo na escrita, e um discurso mais "moderno", que propõe uma maior reflexão sobre o funcionamento da língua e um ensino mais próximo da realidade do aluno.

Ora, se a relação dominante entre as FDs que compõem cada um dos espaços discursivos considerados é, efetivamente, a de oposição, não podemos perder de vista que elas, muitas vezes, se articulam – contraditoriamente – no discurso do professor de português, ou seja, partilham o mesmo espaço sem que a presença de uma implique necessariamente a rejeição ou a negação da outra. Trata-se, pois, de FDs que ora se opõem, ora se mesclam de forma até certo ponto harmônica. Isso nos mostra, em última análise, que os limites entre uma FD e outra não são traçados de modo definitivo, podendo deslocar-se, embaralhar-se, o que leva Courtine (1981: 24) a propor o interdiscurso como *um processo de reconfiguração incessante*. Além disso, não podemos perder de vista que a constituição dos discursos, assim como a dos sujeitos, se dá de forma contraditória, sendo, portanto, a contradição algo inerente às FDs e às FIs.

Esse rápido exame do discurso do professor de português, pelo viés da AD, revela, pois, a heterogeneidade que está na base da sua constituição, já que ele é atravessado por diferentes FDs, como as destacadas em nossa análise. Quanto ao discurso político[5], analisemos um trecho do discurso de posse do primeiro mandato de José Orcírio dos Santos (o Zeca do PT), atual governador de Mato Grosso do Sul, proferido no dia 1.º de janeiro de 1999:

> Quis Deus, pelas mãos do povo, que eu assumisse a responsabilidade de conduzir o Estado para o novo milênio. Os desafios enfrentados só fizeram fortalecer o meu caráter e a minha vontade de mudar as regras do jogo. Por isso, assumo

> hoje, sem medo, com firmeza e determinação, o governo de um Estado economicamente falido e socialmente fracassado, resultado do descompromisso daqueles que, eleitos pela vontade de povo, foram incapazes de retribuir-lhes a confiança.

Do ponto de vista semiótico, observamos, no trecho em questão, o contrato que se estabelece, numa eleição, entre um destinador D1 *povo* (a maioria dos cidadãos) e um destinatário-sujeito D2 *o eleito*, em que o primeiro comunica ao segundo um poder-fazer, em seu nome, já que, numa democracia, o povo é, pelo menos teoricamente, o detentor do poder. Destacando que os entraves foram muitos nesse processo, o governador eleito reconhece, ao mesmo tempo, que houve um querer-fazer maior, atribuído a um terceiro actante transcendental inquestionável: Deus, que, por meio do destinador-delegado povo, garantiu a conjunção do governador eleito com o poder, para que ele *assumisse a responsabilidade de conduzir o Estado para o novo milênio*. Na verdade, os desafios enfrentados (com a ajuda de Deus) tornaram-no ainda mais competente para realizar a perfórmance que dele se espera: levar o sujeito de estado MS à disjunção com o objeto-valor caos e à sua conjunção com outro objeto: ordem.

No âmbito da AD, além do "jogo de imagens" que se institui no discurso de José Orcírio: imagem de MS, como "*um Estado economicamente falido e socialmente fracassado";* imagem negativa dos governadores anteriores, descomprometidos com a vontade do povo que os elegeu; imagem positiva do próprio governador eleito, já que associada a qualidades como coragem, firmeza e determinação, não podemos deixar de perceber, no que diz respeito à heterogeneidade discursiva, uma FD religiosa que atravessa a FD política.

Os dois exemplos apresentados nos levam, pois, a concluir que a articulação entre a semiótica greimasiana e a AD é não apenas possível como também desejável, uma vez que permite (re)construir o sentido do discurso de forma mais rica e completa, mostrando que as teorias em questão, embora partam de pressupostos diferentes, não apresentam, como pensam alguns, incoerências teóricas ou contradições que invalidariam a análise feita.

Notas

1 Por motivos de praticidade, tomaremos os termos texto e discurso como sinônimos. Nesse caso, entendemos por texto/discurso uma unidade de sentido, dotada de organização interna e inserida num contexto sócio-histórico de produção e recepção.

[2]Utilizaremos, doravante, as siglas FI para formação ideológica e FD para formação discursiva.
[3]Authier-Revuz (1990: 36) trabalha a noção de heterogeneidade em dois planos distintos, mas complementares: 1) a heterogeneidade constitutiva; 2) a heterogeneidade mostrada (marcada ou não marcada). No presente trabalho, por razões de espaço, só nos ocuparemos da primeira forma de heterogeneidade: a constitutiva.
[4]Esse discurso foi analisado em nossa tese de doutorado, intitulada A imagem da língua portuguesa no discurso de sujeitos escolarizados e não escolarizados (USP, 1999), sob a orientação do Professor Doutor José Luiz Fiorin.
[5]Esse discurso faz parte do corpus da pesquisa A imagem de Mato Grosso do Sul no discurso de seus governantes, que temos desenvolvido nos dois últimos anos, com bolsistas do PIBIC/CNPq.

Referências bibliográficas

AUTHIER-REVUZ, Jacqueline. Heterogeneidade(s) enunciativa(s). *Cadernos de Estudos Lingüísticos*, Campinas, 19: 25-42, jul./dez., 1990.

BARROS, Diana L.P. *Teoria do discurso*: fundamentos semióticos. São Paulo: Atual, 1988.
____. *Teoria semiótica do texto*. São Paulo: Ática, 1990.

COURTINE, J-J. Quelques problèmes théoriques et méthodologiques en analyse du discours à propos du discours communiste adressé aux chrétiens. *Langages*, Paris, 62, juin, 1981.

FIORIN, José Luiz. *O regime de 1964*: discurso e ideologia. São Paulo: Atual, 1988a.
____. *Linguagem e ideologia*. São Paulo: Ática, 1988b.

GREIMAS, A.J. & COURTÉS, J. *Sémiotique*: dictionnaire raisonné de la théorie du langage. Paris: Hachette, 1993. v. 1.

MAINGUENEAU, Dominique. *L'analyse du discours*: introduction aux lectures de l'archive. Paris: Hachette, 1991.
____. *Novas tendências em análise do discurso*. Campinas: Editora UNICAMP/Pontes, 1993.

PÊCHEUX, Michel. Análise automática do discurso. *In*: GADET, F. & HAKS, T. (Orgs.). *Por uma análise automática do discurso*. Campinas: Editora UNICAMP, 1990.

PÊCHEUX, M. & FUCHS, C. A propósito da análise automática do discurso: atualização e perspectivas. *In*: GADET, F. & HAK, T. (Orgs). *Por uma análise automática do discurso*. Campinas: Editora UNICAMP, 1990.

POSSENTI, Sírio. *Por um novo perfil do professor de português*. Seminário do GEL, Lins, 1986. (fotocopiado)

PARTE V - DISCURSO ACADÊMICO, INTERAÇÃO E COMPORTAMENTO NÃO-VERBAL

SUJEITO-PROFESSOR: MULTIPLICIDADE DE POSIÇÕES

Eline Alcântara dos Santos

Introdução

Inicialmente é necessária uma visão geral, ainda que sucinta, das variadas noções de sujeito que se apresentam nos estudos sobre o tema. Antes de examinarmos as concepções do sujeito pós-moderno, vale lembrar duas concepções de identidade do sujeito que balizaram os estudos do tema no passado: o sujeito do Iluminismo e o sujeito sociológico. O sujeito do Iliminismo era concebido como totalmente unificado e centrado em si mesmo. Esse "centro" essencial do eu, formado por um núcleo interior, que emergia pela primeira vez quando o sujeito nascia e com ele se desenvolvia – ainda que permanecendo basicamente o mesmo – era a identidade (fixa e estável) do indivíduo. Já o sujeito sociológico apresenta-se diferente dessa concepção "individualista" do sujeito do Iluminismo.

A noção que veio a se tornar a concepção sociológica clássica levantava a idéia de que a identidade era formada na interação entre o "eu" e a sociedade. A percepção interativa da identidade e do "eu" refletia a evolução do mundo moderno e a consciência de que o núcleo interior do sujeito não era autônomo nem auto-suficiente, antes era formado na relação com o "outro", que mediava para o sujeito os valores, os sentidos, os símbolos e a cultura do mundo que ele/ela habitava. Mesmo se tratando de uma visão menos egocêntrica do sujeito, a concepção sociológica ainda o divisava como um ser unificado e previsível, uma vez que o posicionava em lugares objetivos a serem preenchidos no mundo cultural e social. Assim sendo, a identidade prendia o sujeito à estrutura, estabilizando-o, e aos mundos culturais por ele habitado. Esse mundo sociológico interativo, que possuía simpatizantes tais como Goffman e Parsons, foi produto da primeira metade do século XX, quando as ciências sociais assumiram sua forma disciplinar atual.

Segundo Possenti (1992), durante algum tempo, depois de sua descoberta, o sujeito não foi ameaçado, embora não tenha ficado totalmente a salvo. Logo depois, podem ser citadas duas ameaças a sua sobrevivência: primeira, o sujeito é ameaçado pelo materialismo histórico, que descobre ser a consciência um efeito decorrente das relações que os indivíduos vivem, da forma como podem ser "livremente" aquilo que desejam ser, na posição social que ocupam. A segunda ameaça ao sujeito veio de Freud, ele descobre que o sujeito é "fendido", ou seja, que a consciência é apenas um dos seus elementos constitutivos. E afirma que grande parte das ações dos indivíduos é promovida por injunções do desejo, obediente ao inconsciente, apesar dos controles sociais e do eventual discernimento do ego. Portanto, não é somente a razão que constitui o sujeito, são também as leis repressoras e os desejos "animais".

No que diz respeito à concepção de sujeito da linguagem, observa-se que ele vai se modificando a partir da concepção de língua que se adote. Desta forma, à concepção de língua como representação do pensamento corresponde a de um sujeito psicológico, individual, dono de sua vontade e de suas ações. Trata-se de um sujeito visto como um ego que constrói uma representação mental e espera que esta seja "captada" pelo interlocutor da maneira como foi mentalizada. Entretanto este ego não se acha isolado em seu próprio mundo, trata-se de um sujeito essencialmente histórico e social uma vez que se constrói em sociedade e com isto adquire a habilidade de interagir. É daí que decorre a noção de sujeito social, interativo, mas que detém o domínio de suas ações.

Já à concepção de língua como estrutura corresponde a de sujeito assujeitado pelo sistema, caracterizado por uma espécie de "não consciência". O princípio explicativo de todo e qualquer fenômeno e de todo e qualquer comportamento individual repousa sobre a consideração do sistema, quer lingüística, quer social. São três, em princípio, as posições clássicas com relação ao sujeito, segundo Koch (2002):

1 O predomínio, e talvez a exclusividade, da consciência individual no uso da linguagem — o sujeito de enunciação é responsável pelo sentido. A língua é um instrumento que se acha ao dispor dos indivíduos, que a usam como se ela não possuísse história. Um fato importante desta concepção é que aumenta o predomínio da consciência individual no uso da linguagem.

2 O "assujeitamento" — de acordo com essa concepção o indivíduo não é dono do seu discurso e de sua vontade: sua consciência, quando existe, é produzida de fora. Quem fala, na verdade, é um sujeito anônimo, social, em relação ao qual o indivíduo que, em dado momento, ocupa o papel de locutor é dependente, repetidor. Ele tem apenas a ilusão de ser a origem de seu enunciado, ilusão necessária, de que a ideologia lança mão de fazê-lo pensar que é livre para fazer e dizer o que deseja.

3 Por fim, à concepção de língua como lugar de interação corresponde a noção de sujeito como entidade psicossocial, destacando o caráter ativo dos sujeitos na produção do social e da interação e defendendo a posição de que os sujeitos (re)produzem o social quando participam ativamente da definição da situação da qual participam e que são atores na atualização de imagens e das representações sem as quais a comunicação não poderia existir.

O sujeito da modernidade

No texto, o sujeito divide seu espaço com o outro porque nenhum discurso provém de um sujeito único que, num primeiro gesto, emerge a cada vez que fala/escreve como fonte única principal do seu dizer. A partir dessa perspectiva, o conceito de subjetividade se dirige para um sujeito que se une como partícula de um corpo hitórico-social no qual interage com outros discursos, de que se apossa ou diante dos quais se posiciona ou é posicionado para construir sua fala. O sujeito-professor, como não podia deixar de ser, vem se modificando com o passar do tempo, até mesmo por imposição das mudanças sociais e culturais da pós-modernidade, para adaptar-se à nova ordem sociocultural.

Nos tempos atuais, o fenômeno da globalização contribuiu para uma descentralização do indivíduo, que já não pode mais ser visto como um sujeito unificado, estável e previsível. O homem da modernidade, segundo Hall (1999), passa por uma "crise de identidade", pois um tipo diferente de mudança estrutural vem fragmentando paisagens (de gênero, sexualidade, raça, etnia, nacionalidade) que, no passado, nos serviam como pontos de referência como indivíduos sociais. Tais mudanças não ocorrem somente na esfera social, mas também na esfera pessoal, abalando a idéia que temos de nós mesmos como sujeitos. Para o autor citado, o sujeito pós-moderno apresenta uma multiplicidade desconcertante e cambiante de identidades possíveis.

Outra característica da sociedade pós-moderna traduz-se no complexo processo de mudança que vem deslocando de forma inevitável as chamadas identidades culturais nacionais, e que é chamado de "globalização", termo que pode ser aplicado aos mais diversos domínios de atividades, tais como: financeiro, social, institucional, cultural, entre outros. O principal impacto da globalização sobre as identidades nacionais é a compreensão espaço-tempo, que, ao tornar as pessoas mais interconectadas, dá-lhes a impressão de viverem em um mundo de distâncias mais curtas. Hall (*op.cit.*) cita avanços tecnológicos – o avião a jato, o fax, o satélite – aos quais podemos acrescentar a *internet*, que sem dúvida alguma contribuíram para transformar o mundo no que hoje chamamos de "aldeia global" (*global village*), metáfora criada pelo filósofo canadense Marshall McLuhan, nos anos sessenta (*apud* Gómez, 1999).

Por meio das construções e relações discursivas pode-se definir e reconhecer, então, as diversas posições e os variados papéis assumidos pelo sujeito. Pelas relações dialógicas pode-se identificá-lo, bem como captar as diferentes formas de assujeitamento (as ideologias que sustentam tais posições e papéis no discurso). Conforme esclarece Orlandi (1999), a ideologia está presente na constituição do sujeito bem como na compreensão dos sentidos. Ela dissimula sua existência no interior do funcionamento do discurso produzindo uma série de "evidências subjetivas". O sujeito é interpelado pela ideologia na construção do seu próprio sistema de significação do mundo, ou seja, na constituição da subjetividade.

Análise Crítica de Discurso: o sujeito multidimensional

Na Análise de Discurso Crítica apresentada por Fairclough (2001), a definição de sujeito ressalta as diversas posições assumidas, de forma dinâmica, por um sujeito plural. O sujeito do discurso é multidimensional, ocupa os variados papéis impostos pelas diferentes atividades sociais específicas a cada ordem de discurso, de forma a respeitar os limites de cada prática ou de forma a questionar a naturalização dessas posições. Foucault se refere a uma "dispersão do sujeito na formação de modalidades enunciativas" (*apud* Fairclough, 2001).

As circunstâncias sociais possuem determinadas agendas que podem ser seguidas por todos os participantes de maneira passiva como sujeitos que aceitam as naturalizações e vivem as práticas respeitando os limites de suas convenções. Entretanto, em outras ocasiões e motivado pela natureza da situação social, o sujeito pode romper os limites e construir uma rearticulação das ordens discursivas. Fairclough (1989) aborda essa questão ao ressaltar que os momentos de crise são focos de mudança, são propulsores para uma ação criativa do sujeito que toma consciência das naturalizações e as questiona buscando mudança nas práticas convencionais. A escola, por exemplo, possui uma série de práticas normativas que são discursivas e não discursivas. A mudança dessas práticas está associada à ação do sujeito, no caso, o aluno, que indaga os limites impostos e discute acerca de novas configurações, o que é geralmente marcado por momentos de conflito e de contradições complexas, principalmente devido ao caráter assimétrico da relação professor/aluno. São essas contradições que podem tornar-se "plataforma de lutas para redefinir limites e relações" (Fairclough, 2001). Enfim, eis que as ordens de discurso surgem potencialmente estruturadas de forma contraditória e estando abertas a investimentos ideológicos que desencadeiam lutas para serem "desinvestidas e reinvestidas".

Por meio das construções e relações discursivas, pode-se definir e reconhecer, então, as diversas posições e os variados papéis assumidos pelo sujeito. Pelas relações dialógicas pode-se identificá-lo, bem como captar as diferentes formas de assujeitamento (as ideologias que sustentam tais posições e papéis no discurso). Conforme esclarece Orlandi (1999), a ideologia está presente na constituição do sujeito bem como na compreensão dos sentidos. Ela dissimula sua existência no interior do funcionamento do discurso produzindo uma série de "evidências subjetivas". O sujeito é interpelado pela ideologia na construção do seu próprio sistema de significação do mundo, ou seja, na constituição da subjetividade.

Essa visão de sujeito poderia parecer submissa e passiva porque o sujeito é apresentado como determinado pela exterioridade, o que constitui uma inverdade. É de fundamental importância considerar o sujeito em sua ambigüidade, aquele que pode ser assujeitado, mas que também é livre e responsável pelas posições assumidas. O foco de Fairclough (*op.cit.*) incide sobre este último aspecto ressaltando-o, tendo em vista que sua preocupação está relacionada à mudança social.

Outro aspecto abordado por esse autor diz respeito à coerência, não como uma propriedade lógica e única, mas como uma propriedade definida pelos intérpretes do texto, o que pressupõe ambivalências. Os produtores dos textos interpelam os sujeitos quando estes são 'capazes' de realizar suposições e conexões como intérpretes por meio dos elementos intertextuais de forma coerente. Todavia, isso não invalida a possibilidade de interpretações resistentes, pois além de serem sujeitos do discurso, os intérpretes são sujeitos sociais que possuem suas próprias experiências, afetando profundamente os diferentes modos de interpelação. A interpretação coerente é fruto da simultaneidade de muitas dimensões de sentido ideacional e interpessoal. A união de tais sentidos relacionais configura uma compatibilidade entre o produtor e o receptor passivo, entretanto, não se deve esquecer que a resistência pode gerar a desarticulação intertextual de um texto num processo em que o intérprete acrescenta uma nova dimensão de intertextualidade ao texto, trazendo outros textos de base.

Para Fairclough (2001), não há discurso possível sem sujeito bem como não há sujeito sem investimentos ideológicos – um sujeito ambíguo que determina e é determinado – ativo e passivo, enfim, assujeitado e, ao mesmo tempo, criativo.

O sujeito-professor

Pode-se afirmar que o discurso contribui para a constituição das convenções que o restringem, sendo socialmente constitutivo em três aspectos fundamentais: primeiro, o discurso constrói as diversas posições de sujeito; em segundo lugar o discurso constitui as diferentes relações sociais podendo mesmo modificar as existentes por meio de novas formas de interação; e, por fim, o discurso colabora para a construção dos sistemas de conhecimentos e crenças do mundo. Um bom exemplo do segundo aspecto relaciona-se ao discurso da educação, que está cada vez mais colaborando para uma relação de *marketing* em que o ensino é tratado como um produto a ser adquirido e o receptor, por sua vez, assume o papel de cliente, enquanto o emissor, o papel de vendedor. É uma nova relação social num domínio particular que está sendo modificada por meio do discurso.

Em se tratando do contexto da sala de aula, no momento em que o professor assume a função de locutor, ele é o proprietário, o dono da palavra. Ao se apossar da palavra, ele é o sujeito do discurso. Análises do referido contexto revelam que o professor constitui-se sujeito por mais tempo na sala de aula, ao assumir-se como enunciador/locutor, pois compete a ele ordenar e distribuir os elementos linguísticos dessa ou daquela maneira, durante a sua enunciação. O professor é a autoridade institucionalmente formalizada, sendo, por isso, o detentor da voz autorizada no espaço da sala de aula. É ele quem ordena, questiona, controla os turnos de fala no processo de interação verbal e até mesmo não-verbal. Além de deter o saber, por ser especialista em uma determinada área, e de conhecer uma determinada disciplina, ele está autorizado a reprovar o aluno tanto por falta quanto por nota.

Na relação professor/aluno, mediada pelo discurso, nota-se que o professor leva vantagem na argumentação com o aluno, uma vez que seus enunciados trazem marcas da utilização, em maior quantidade e maior variedade, dos operadores argumentativos. Subentende-se que o professor, pelo fato de deter mais capital cultural, tem mais conhecimentos lingüísticos. Com isso, constata-se que quanto mais conhecimento o indivíduo tiver, mais capital de autoridade terá, ao mesmo tempo alcançará um maior grau de consciência e deterá maiores condições de realizar a interação social e lingüística. Infere-se, ainda, que quanto mais socialmente orientado for o sujeito, maior será a sua bagagem cultural.

O sujeito-professor, mais do que ninguém, apresenta-se como um sujeito múltiplo, plural, principalmente devido aos diferentes papéis que precisa desempenhar na sala de aula. Trata-se do típico procedimento ritualizado, em que o professor se constitui como o ordenador da polifonia, seja distribuindo vozes, ou controlando e privilegiando determinadas colocações em detrimento de outras possíveis, seja "negociando" com o aluno, também este sujeito em situações específicas.

As condições anteriores se justificam plenamente, pois é o professor que detém o poder por meio do discurso. O conhecimento da disciplina, aliado ao conhecimento lingüístico, amplia esse poder que lhe é institucionalmente assegurado. Vale destacar que a relação professor/aluno, marcada pela hierarquia e pela assimetria, resulta da imagem que foi socialmente estabelecida para esses papéis sociais. Segundo o pensamento de Fairclough (1996), é o todo do discurso que vai delinear a prática social da qual o discurso faz parte e quais os efeitos que a prática discursiva tem sobre o social. Portanto, esse imaginário social que estabelece comportamentos a serem seguidos pelos sujeitos da interação, de acordo com o meio social no qual estão inseridos, não é uma decisão do sujeito tomada individualmente, constitui resultados reproduzidos socialmente.

Na visão de Althusser (1989), trata-se da interpelação do sujeito pela ideologia. De acordo com o referido autor, é por meio da ideologia que os sujeitos assumem para si idéias e atitudes que não são suas, mas que lhes foram sutilmente impostas. Apesar disso, é possível ver, a partir de Fairclough (1996), o sujeito social como instrumento de transformação das relações de poder. A relação sujeito/sociedade é dialética, uma vez que existe influência mútua e constante de um sobre o outro. Não obstante, acredita-se em um sujeito capaz de promover mudanças, e não em um sujeito social totalmente "assujeitado", como sugere Althusser (1989).

Na relação assimétrica entre os sujeitos da interação na sala de aula, a predominância do turno encontra-se, geralmente, em poder do professor. É ele quem direciona o tema, dá a palavra final e mantém, quase todo o tempo, o controle do tópico (Fairclough, 1989). Deduz-se que o docente pode permanecer mais tempo no turno porque, no seu entender, o tópico discursivo não pertence ao conhecimento de mundo do aluno, ou porque essa é a prática pedagógica que utiliza para manter-se como sujeito-autoridade.

As diversas manifestações de autoridade presentes no cotidiano do sujeito-professor apontam para um domínio crescente do poder exercido por ele em sala de aula. Percebe-se também que, por traz desse domínio, encontra-se a imagem de um sujeito social que, consciente do seu capital de autoridade e de saber, acredita-se na obrigação de passar uma parte de conhecimento para aqueles que, de certa maneira, ainda não o detêm. Parece evidente, portanto, que esse é um sistema de dominação que procura se esconder atrás de sentimentos altruístas como: dever, amor, solidariedade e proteção, entre outros. O professor utiliza-se, ainda, da sua condição "superior" em relação aos alunos, para explicar todos os passos que eles devem seguir na realização de determinadas tarefas, nos moldes que deseja ou espera, sem justificar, no entanto, a sua escolha, fato que evidencia, mais uma vez, a sua posição como sujeito-autoridade.

Muitas vezes, o docente assume o papel institucionalizado de sujeito-professor. Para tanto, ele apresenta o assunto de uma maneira mais formal, didática. Seleciona as palavras, fala de forma vagarosa e se utiliza de um léxico que, aparentemente, não é utilizado em outras situações discursivas. Em outras situações, esse sujeito modifica-se uma vez mais e sempre que necessário para manter o seu capital de autoridade, bem como para angariar a simpatia do aluno, e ameniza o ato comunicativo ao justificar sua atitude. Nessa justificativa geralmente emprega um tom descendente, fala de maneira pausada, ameniza a expressão facial e, muitas vezes, esboça um sorriso conciliador facilmente observável.

O processo de conscientização da linguagem deveria começar cedo, nas práticas educacionais, as quais, por sua vez, carecem desenvolver, todavia, uma visão crítica do mundo. É de suma importância que sejam trabalhadas nas escolas capacidades discursivas conjugadas à conscientização crítica. É também indispensável que desde cedo os sujeitos compreendam que as concepções universalmente aceitas são fruto de um dado momento histórico em um determinado contexto socioeconômico e cultural, não sendo, portanto, configurações eternas nem naturais, mas naturalizadas por diferentes estratégias ideológicas de poder.

Assim sendo, o sujeito-professor é múltiplo e plural, além de possuir uma outra capacidade muito especial, a de mudar-se de determinado "sujeito" para outro em um curto espaço de tempo e sempre que deseja ou que se faz necessário.

Considerações finais

De acordo com Fairclough (1996), os discursos não apenas refletem ou representam entidades e relações sociais, eles as constroem ou constituem-nas. Nessa perspectiva, os discursos não são considerados de modo estanques como meras representações sociais, uma vez que sua realidade está na própria ação. Os discursos representam a realidade, mas não são a ela submissos e passivos, sendo, ao contrário, capazes de construir diferentes realidades, diferentes relações sociais e diferentes sujeitos sociais. É por meio dessa perspectiva dialética de discurso que se fundamenta a subjetividade multifuncional em que o 'eu' assume variadas posições e se desdobra em diversos papéis sociais. Assim, não apenas as identidades sociais como também as relações interpessoais são modificadas e inovadas. A criatividade dos sentidos experienciais é influenciada por esta visão plural de discurso, ou "visão constitutiva".

Por tudo que foi dito, pode-se concluir que o conceito de sujeito do discurso é algo fluido, que se constrói a partir de situações determinadas e que não existe *a priori* na língua. Alguns lingüistas apresentaram suas concepções de sujeito a partir de teorias específicas: Possenti afirma que se acha o "eu" no discurso do "outro." Para Althusser o sujeito não existe, é totalmente assujeitado, uma vez que é interpelado pela ideologia. Segundo Bakhtin, o sujeito é construído socialmente, sendo que seu propósito parece ser o de quem procura resgatar o sujeito/sujeito, trazendo-o de volta à sociedade.

À maneira de conclusão, pode-se afirmar que, a partir de reflexões e debates sobre o tema, percebemos que nos constituímos, ao mesmo tempo, em sujeito e assujeitado, a depender da situação, dos interlocutores e do contexto interacional.

Referências bibliográficas

AUSTIN, J. How *to do things whith words*. Oxford: Oxford University Press, 1962.

BAKHTIN, M. *Marxismo e filosofia da linguagem*. São Paulo: Hucitec, 1992.

_____. *Estética da criação verbal*. São Paulo: Martins Fontes, 1992.

BRANDÃO, H.N. *Introdução à análise do discurso*. Campinas, SP: Pontes, 1996.

BRZEZINSKI, I. (Org.). *Profissão professor*: identidade e profissionalização docente. Brasília: Plano, 2002.

CORACINI. M.J. & PEREIRA, A.E. (Org.). *Discurso e sociedade*: investigações em lingüística aplicada. Pelotas: EDUCAT, 2001. v. III.

FAIRCLOUGH, N. *Discurso e mudança social*. coord. trad. Maria Izabel Magalhães. Brasília: Editora Universidade de Brasília, 2001.
_____. *Critical language awareness*. London and New York: Longman, 1992.

FOUCAULT, M. *A ordem do discurso*. São Paulo: Loyola, 2002.

FREITAS, A.F. *O diálogo em sala de aula*: análise do discurso. Curitiba: HD, 1999.

GIDDENS, A. *modernidade e identidade pessoal*. Celta: Oieras, 1997.
_____. *As conseqüências da modernidade*. São Paulo: Editora UNESP, 1991.

HALL, S. *A identidade cultural na pós-modernidade*. Rio de Janeiro: DP&A, 1999.

INDURSKY, E. & FERREIRA, M.C. (Orgs.). *Ensaios*: os múltiplos territórios da análise do discurso. [s.l.]: Sagra Luzzatto, 1998.

KOCH. I. *Desvendando os segredos do texto*. São Paulo: Cortez, 2002.

MAGALHAES. M.I. (Org.). *As múltiplas faces da linguagem*. Brasília: Thesaurus, 1996.

ORLANDI, E. *Análise de discurso*: princípios e procedimentos. Campinas, SP: Pontes, 1999.

POSSENTI, S. *Concepções de sujeito na linguagem*. Associação Brasileira de Lingüística, ABRALIN, São Paulo, 1992. Conferência.

SILVA, D.E.G. & VIEIRA, J.A. (Org.). *Análise do discurso*: perspectivas teóricas e metodológicas. Brasília: Oficina Editorial/Instituto de Letras-UnB/Plano, 2002.

SILVA, T. T. (Org.). *O sujeito da educação*. Petrópolis, RJ: Vozes, 1994.

OS ASPECTOS NÃO-VERBAIS E VERBAIS NA INTERAÇÃO DO DISCURSO DE SALA DE AULA: RESULTADOS PRELIMINARES

Maria Francisca de Oliveira Santos

Introdução

Neste trabalho, admitimos para a classificação dos elementos não-verbais não somente o ambiente da comunicação e a aparência do comunicador, mas também o estudo da proxêmica e do movimento do corpo ou comportamento cinestésico. Acrescentamos a isso a idéia defendida por Ekman e Friesen (1969) quanto ao *continuum* formado pelos não-verbais e verbais no estudo da interação humana. Entendemos que as contribuições dadas pela *cinésica* (sobretudo em relação aos gestos) e pela *proxêmica* (distância mantida entre os interlocutores) aos estudos interativos do discurso de sala de aula são de grande importância para a interpretação de cada momento de interação entre professor e aluno na escola.

Os gestos analisados neste trabalho são, sobretudo, aqueles que estão relacionados à fala, no que diz respeito aos seus efeitos interativos. A distância, conforme Hall (1977), é vista segundo quatro tipos: a íntima, a social, a pessoal e a pública, sendo as duas últimas as que acontecem em ambiente de sala de aula.

Entendemos que a ausência dos elementos não-verbais, sobretudo, no tocante às categorias referidas – a proxêmica e a cinésica – pode dificultar a compreensão dos sentidos transmitidos aos ouvintes, bem como não permitir que haja fácil acesso aos sinais lingüísticos dispostos em sua memória discursiva. O *corpus* é constituído por aulas filmadas em 6.ª série do ensino fundamental em escola pública na cidade de Maceió, Alagoas.

Considerações acerca da comunicação não-verbal

A comunicação é considerada uma atividade humana bastante conhecida, sendo, no entanto, pouco definida de maneira satisfatória por muitos teóricos. Isso se dá pelo fato de penetrar em várias áreas do conhecimento, propiciando o surgimento de uma visão multidisciplinar. Para Rector & Trinta (1999:8), "comunicar é manifestar uma presença na esfera da vida social. É estar-no-mundo-junto-com-outros". Seja qual for a definição adotada para comunicação, sabemos que, quando nos comunicamos, assim o fazemos, com o objetivo principal de transmitir mensagens, que se constituem unidades do processo comunicativo.

Para Cosnier et Brossard (1984), comunicação não-verbal e verbal merecem um ponto de destaque, uma vez que antes a linguagem só era vista como um sistema arbitrário de comunicação, permitindo transmitir representações a outrem, sendo valorizada apenas em sua realização acústica. No entanto, na época contemporânea, a comunicação multicanal tem sido requerida por etnólogos, antropólogos, sociólogos, psiquiatras, entre outras especificidades, o que prova a sua plurifuncionaliade, evidenciando, assim, laços com o não-verbal.

A comunicação não-verbal é nomeada dessa maneira para denominar todos os modos com os quais a comunicação se realiza entre as pessoas, estando em presença uma das outras, com a recorrência a outros meios que não as palavras (Kendon, 1981:3). Para E. Goffman, essa linha de estudo é designada como *interação comunicativa face a face* e, para Rector & Trinta (*op.cit.*), *comportamento não-verbal*. O que admitimos, pois, é que os elementos não-verbais em quaisquer tipos de comunicação social são responsáveis pela maior parte das mensagens enviadas e recebidas, tendo os seguintes recursos para o uso dos falantes:

a) a *paralinguagem*, que é representada por sons emitidos pelo aparelho fonador, mas que, no entanto, não fazem parte do sistema sonoro da língua usada;
b) a *cinésica*, que se refere ao movimento do corpo, como os gestos, a postura, a expressão facial, o olhar e o riso;

c) a *proxêmica*, que se efetiva pela distância mantida entre os interlocutores;
d) a *tacêsica*, que se concretiza pelo uso de toques na interação humana; e
e) o *silêncio,* que se explica pela ausência de construções lingüísticas e de recursos provindos da paralinguagem (Steinberg, 1988).

Os signos verbais e não-verbais, para Ekman e Friesen (1969), podem ser codificados de diversas maneiras, devendo sua conceituação seguir um *continuum*, assim denominado: codificação intrínseca, icônica e arbitrária. Para entendermos essas denominações, é preciso ter em mente os seguintes pontos: a) é possível identificar comportamentos que possam estar entre duas dessas conceituações, não sendo, pois, um *continuum* de categorias distintas; b) é fácil encontrar exceções, uma vez que é comum destinar o comportamento verbal à codificação arbitrária e o não-verbal à intrínseca e à icônica; e c) é admissível a proximidade do código ao seu referente como traço distintivo primário entre os três tipos de codificação.

Assim, na codificação arbitrária, inexiste semelhança entre código e referente. A maioria das palavras é arbitrariamente codificada com o uso de letras que em nada se assemelham às coisas a que se referem, o que já não ocorre com relação às palavras onomatopéicas, como *zumbir* e *zunzum* que carregam aspectos dos sons que procuram descrever. Alguns signos não-verbais parecem ser codificados arbitrariamente, a exemplo dos acenos de mão feitos durante uma cena de adeus, que parecem não retratar fielmente a atividade de partida. A codificação icônica se caracteriza por manter alguns aspectos do referente, isto é, há alguma semelhança entre o código e o referente, podendo ser exemplificada com o contorno de um violão no ar para simbolizar as formas de uma mulher. Enfim, a codificação intrínseca é a que revela menor distância entre o código e o referente, como apontar ou aproximar-se de alguém que só significam o que realmente representam.

Para Ruesch e Kees (*apud* Knapp & Hall, 1999:25-26), as áreas do estudo não-verbal correspondem às seguintes categorias: a) o ambiente da comunicação, uma vez que as pessoas mudam comumente de ambiente com a finalidade de melhor atingir os seus objetivos comunicativos, da mesma forma que os ambientes podem afetar seu humor, sua escolha de palavras e ações; b) a aparência física do comunicador, por envolver o físico ou forma do corpo, beleza, altura, peso, cabelo, cor ou tom da voz, além dos odores próprios a esse comunicador; c) a proxêmica, por se voltar ao estudo da utilização e percepção do espaço social e pessoal; d) o comportamento cinestésico, por concretizar o estudo dos gestos, dos movimentos do corpo, das expressões faciais, do comportamento ocular e da postura; e e) a paralinguagem, por estudar os sinais vocais não-verbais que circundam a fala comum.

Pelo fato de os elementos não-verbais constituírem vasto campo de estudo, deter-nos-emos especificamente em observações relativas à proxêmica (distância) e cinésica (gestos), esperando que as contribuições desses elementos associados aos verbais nos permitam fazer uma leitura da interação discursiva em aulas da 6ª série do ensino fundamental.

A análise da conversação e os não-verbais e verbais

Segundo Marcuschi (1986), a Análise da Conversação surgiu na década de 60, seguindo a linha da Etnometodologia e da Antropologia Cognitiva, tendo como objetivo principal, até meados dos anos 70, a descrição das estruturas conversacionais, além de seus mecanismos organizadores. Hoje, dados outros aspectos, como expressões faciais, entonações específicas, sorrisos, gestos, olhares, entre outros, que entram na construção do sentido do enunciado lingüístico, por ocasião das negociações interativas, os estudos conversacionais não apenas se detêm na análise das estruturas, mas também na sua interpretação. A propriedade básica da conversação é a interação, que tem como elementos constitutivos a negociação, a cooperação, a compreensão e a interpretação, diferenciando-se da conversação em si, que é uma atividade de fala na forma dialogada, cujos elementos podem ser os turnos, as trocas, as seqüências, entre outras categorias.

Quanto à tipologia das conversações, podemos dizer que há dois tipos principais de conversação: a) conversações casuais, que podem ser exemplificadas por encontros de amigos num bar, na rua, no ônibus; encontros em casa, com maior intimidade ou telefonemas pessoais e b) conversações em contextos institucionais em que os falantes têm papéis previamente definidos, em espaços como a sala de aula, o consultório, o tribunal, entre outros. Há, em relação a esses tipos conversacionais, a aplicação dos conceitos de simetria e assimetria, estando o primeiro voltado à igualdade dos papéis dos falantes na interação; o segundo, à desigualdade. O objeto de estudo deste trabalho está centrado na análise dos não-verbais e verbais que entram na constituição da interação em sala de aula.

O tratamento dos não-verbais e verbais (gestos e distância)

Para a análise dos não-verbais e verbais na interação de sala de aula, consideramos como pontos importantes neste trabalho não somente as características e funções dos não-verbais, mas também as considerações relativas aos gestos e à distância necessários à efetivação do ato interlocutivo.

Quanto às características dos não-verbais, podemos dizer, inicialmente, que o comportamento deles resultante pode perfeitamente repetir, contradizer, substituir, complementar, acentuar ou regular o verbal (Knapp & Hall, 1999:30). Assim, a repetição se dá porque a comunicação não-verbal repete, muitas vezes, o que foi dito verbalmente, servindo, como exemplo, a circunstância em que, além de dizermos onde fica uma casa, apontamos com o indicador para o local. Pode acontecer também que o comportamento não-verbal contradiga o verbal, o que pode ser exemplificado pela circunstância em que alguém acaba de fazer uma péssima apresentação e, quando questionado para opinar a respeito, diz que foi maravilhosa com voz e expressão não correspondentes ao que as palavras dizem.

Por outro lado, mensagens verbais podem ser substituídas por comportamentos não-verbais. Nesse sentido, verificamos também o contrário, isto é, quando os elementos não-verbais são insuficientes para a transmissão de mensagens, é ao verbal que recorremos. O comportamento não-verbal pode ainda, em muitos casos, operar modificação ou aprimoramento nas mensagens verbais, o que faz com que essas mensagens sejam mais bem compreendidas. Isso pode ser exemplificado quando o aluno se mostra embaraçado enquanto fala com seu professor cerca de seu mau desempenho nos trabalhos, exibindo comportamento não-verbal que complementa o verbal.

Ainda nesse sentido, partes da mensagem verbal podem ser acentuadas pelo comportamento não-verbal. Isso pode ser exemplificado, quando, em situação de uso do verbal, o professor acentua um enunciado acompanhado de um olhar de censura. Finalmente, os comportamentos não-verbais estão intimamente relacionados ao processo de simetria conversacional, de tal sorte podendo contribuir para uma regular troca de turnos entre os interactantes. Segundo Knapp & Hall (*op.cit.*: 39), esses comportamentos são usados "para regular o fluxo verbal entre os interlocutores".

Para Argyle (1988), os signos verbais e não-verbais exercem funções que podem ser agrupadas em quatro tipos: a) *função semântica*, que se explica pelo fato de os signos não-verbais poderem substituir, explicar, contradizer ou modular a mensagem verbal; compreende, pois, o relacionamento que existe entre o signo não-verbal e o verbal; b) *função sintática*, que é assim denominada por referir-se ao relacionamento entre os signos, a exemplo do uso dos não-verbais para segmentar as unidades interativas; c) *função pragmática*, que se caracteriza por indicar características ou estados pertencentes a seus usuários ou interagentes; assim entendendo, os signos não-verbais não somente podem fornecer informações concernentes às características relativas ao sexo e à idade, a aspectos da personalidade do grupo social e das atitudes dos interagentes, mas também podem mostrar as reações às falas do outro; e f) *função dialogal,* que se estabelece pela maneira como os interagentes coordenam suas ações, podendo esse movimento regular os momentos de falar ou concentrar-se em um tipo de relacionamento interativo.

Segundo Knapp & Hall (1999), há dois tipos específicos de gestos: os independentes da fala e os relacionados à fala. Os primeiros são conhecidos como *emblemas* ou *gestos autônomos*, representados de maneira geral por uma ou duas palavras ou mesmo por uma frase. Podem normalmente ser usados quando os canais se encontram bloqueados ou falham, ou mesmo durante uma interação verbal. Geralmente esses gestos são produzidos com a mão, havendo, no entanto, situações em que franzir o nariz pode significar enjôo, sensação de mau odor, entre outros sintomas. Por não terem significações equivalentes nas sociedades, é necessário que façamos o estudo da cultura em que esses gestos acontecem a fim de não haver má interpretação no seu uso durante as interações verbais.

Quanto aos gestos relacionados à fala, também denominados *ilustradores*, observamos que aparecem ligados ao ato de fala ou o acompanham. Há quatro tipos diferentes, quais sejam: os que ligam o referente ao falante de maneira concreta ou abstrata; os que indicam haver um relacionamento entre o falante e o referente; os que agem para pontuar de maneira visual o discurso do falante e, finalmente, os que auxiliam a regular e organizar o diálogo entre os que interagem.

Quanto à distância, afirmamos sua importância na comunicação humana, pois tanto pode regular a interação como pode propiciar o surgimento do conflito social. É a proxêmica que estuda o uso do espaço na comunicação humana. Para Hall (1977), o nosso território íntimo admite quatro áreas: a) *a distância íntima*, caracterizada pelo envolvimento físico de ambos os participantes, justificado pela proximidade e pelo contato dos corpos; b) *a distância pessoal*, explicada por haver certa intimidade para o cumprimento formal ou a proximidade social em eventos; c) *a distância social*, entendida como aquela em que há gradações, aparecendo em transações comerciais ou encontros com pessoas importantes; e d) *a distância pública*, vista como aquela que acontece em comícios e conferências, pelo fato de o registro da língua ser formal e a voz ser lenta e pausada. No espaço de sala de aula em análise, o professor circula entre a pessoal e a íntima para o exercício das suas funções interativas.

Como a categoria relativa ao espaço não se efetiva sem a do tempo, entendemos, como E. Hall (1977), que esse tempo fala, como as pessoas o fazem. O nosso corpo se move não somente no tempo, mas também no espaço, sendo essas categorias as que atuam em quaisquer formas de comunicação e as que integram o comportamento humano. A área de estudo voltada para a categoria temporal chama-se *cronêmica.*

Quanto à maneira cultural de lidar com o tempo, observamos que existem dois modos diferentes: o *monocrônico* e o *policrônico*. O primeiro é próprio de pessoas que compartimentalizam o tempo e que programam uma coisa de cada vez. É o tempo dos povos nórdicos. O segundo se justifica pelo fato de as pessoas exercerem várias atividades simultaneamente, como, por exemplo, uma pessoa que assiste à televisão ao tempo em que atende ao telefone, enquanto chupa uma bala e penteia o cabelo. Tal comportamento aparece principalmente nos povos latino-americanos. Isso também foi observado nas aulas filmadas do ensino fundamental no momento em que a professora, para proceder à exposição do tópico discursivo, coça o cotovelo, gesticula com um dos braços e inclina a cabeça em direção ao outro, indicando que está de acordo com o que o aluno dissera. Acrescentemos a essas ações a própria exposição verbal que já é uma atividade lingüística muito importante à concretização das interações em sala de aula.

Os gestos e a distância no discurso de sala de aula: resultados preliminares

Nos fragmentos analisados a seguir, fizemos uma análise das contribuições dadas pelos elementos não-verbais e verbais em aulas de ciências do ensino fundamental, tendo como princípios norteadores: a) o comportamento não-verbal pode exercer ações sobre o verbal, como acentuá-lo ou substituí-lo, entre outras; b) os signos não-verbais e verbais exercem a função semântica, a sintática, a pragmática e a dialogal; c) os não-verbais caracterizados pelos gestos estão geralmente relacionados à fala; e d) os aspectos alusivos a tempo e a espaço são fundamentais para a leitura das interações discursivas em sala de aula.

MOMENTO INTERATIVO 1 [página 2 do corpus][1]

((L1, com os braços cruzados, ao lado do quadro, começa a aula relatando o assunto visto na aula anterior.))
L1 – como a gente viu no primeiro dia de aula... durante toda a 6ª série a gente vai estudar o quê?... os?
L2L3L4... os seres vivos...
L1 – isso... os seres vivos... na /.../ o nosso último assunto foi a característica dos seres vivos... foi ou não foi?
L2L3L4... fo:i...
L1 – então a gente viu que os seres vivos apresentam características... muitas características... e de cada característica dessas... define por si só o que é vida... né?... o que é o ser vivo... foi isso?
L2L3L4... fo:i...
((no meio dessa última fala, L1 descruza os braços e começa a gesticular. Depois da resposta coletiva L1 caminha para uma posição mais central, em direção ao quadro, como se fosse escrever algo, porém, antes vira-se para a turma e diz))

O fragmento em estudo indica que a professora se coloca em frente à turma, junto ao quadro, para iniciar sua aula, ocupando um lugar que, nas relações sociais, é exclusivo de quem exerce a docência em sala de aula. Posicionando-se dessa maneira, mantém os braços cruzados, em posição de repouso, caracterizando uma situação de tranqüilidade, justificada por ser o início da aula. Nessa posição, a professora faz referência ao assunto da aula anterior, buscando na memória do aluno respostas que comprovem ter apreendido o conteúdo já ministrado. Isso é observado quando diz: *como a gente viu no primeiro dia de aula... durante toda a 6ª série a gente vai estudar o quê?... os?*. Os alunos participam da aula, tentando construir o sentido proposto pela professora em relação aos seres vivos. Observamos que, ao indagar sobre o tópico da aula, essa professora sempre o faz com os braços cruzados, desfazendo-se dessa posição no início da explicação do assunto, o que evidencia que os gestos são essenciais a esse momento interativo. Eles complementam os elementos verbais, servindo de suporte para a melhor apreensão do conteúdo informativo.

MOMENTO INTERATIVO 2 [página 5 do corpus]

(Carlos Lineu)... ele dividiu... ele classificou os seres vivos em sete grupos... em classificação ou categorias... grupo de classificação... vamu por grupo de classificação ou categorias grupo de classificação... ((L1 usa bem as mãos enquanto fala)) são sete grupos de classificação... reino... filo... classe... ordem... gênero... família e espécie... são sete grupos... o maior deles é o reino... outros dizem existem cinco reinos dos seres vivos... antes existiam só dois...dois grandes reinos... o reino animal e o reino vegetal... como os seres não se encaixavam bem num grupo nem ni outro eles fizeram uma nova classificação de cinco reinos... que são... reino animal... vegetal... o reino dos fungos e grupo dos protistas e o grupo dos moneras... é o maior grupo de classificação dos seres... é o reino...

O exemplo acima nos mostra uma situação de sala de aula, durante a qual, a professora, ao afirmar verbalmente os sete grupos segundo os quais os seres vivos estão classificados, faz corresponder a cada signo verbal (reino, filo, classe, ordem, gênero, família e espécie) a contagem em ordem crescente nos dedos da mão, sendo toda essa gesticulação acompanhada pelos olhos fixos dos seus alunos. Essa atitude indica claramente a associação do não-verbal ao verbal, tendo aquele a função principal de regular e organizar o diálogo. Observamos ainda igual atitude, quando a professora afirma que antes só existiam dois reinos: o animal e o vegetal. Ao enunciar o primeiro reino, a professora conduz a mão para um lado; ao proferir o segundo, a mão é levada para o lado oposto, em um total de dois movimentos, pois dois são os reinos por ela enunciados. Como esses reinos não comportavam todos os seres, foi criado o grupo de cinco, como animal, vegetal, fungos, protistas e moneras, havendo novamente a correspondência entre a enunciação da palavra e a gesticulação indicativa com o dedo, num total de cinco. A cada gesto corresponde um tipo de reino destacado pela professora. Esse momento interativo evidencia claramente que os gestos facilitam a compreensão, bem como ajudam os ouvintes a terem acesso aos sinais lingüísticos que estão dispostos em sua memória discursiva.

Considerações finais

É indiscutível a circulação dos estudos da linguagem nas áreas afins do conhecimento, razão por que psicólogos, antropólogos, filósofos, professores, dentre outros profissionais, centram-se nos estudos relativos à comunicação não-verbal e verbal. Acrescentamos a isso os reforços provindos da comunicação multicanal que vai exigir dos interlocutores maior acuidade na leitura e análise fornecidas pelos não-verbais, sobretudo no que diz respeito aos gestos e à distância. Quanto aos primeiros, os critérios seguidos para sua interpretação têm permitido afirmar que ratificam, acentuam e justificam os verbais, além de exercerem funções diferentes, como a pragmática, a dialogal e a semântica, contribuindo para que se estabeleça a interação em quaisquer situações da vida em sociedade.

No que diz respeito à proxêmica, observamos ser fundamental nas relações humanas, pois sempre nos aproximamos ou nos distanciamos das pessoas com quem convivemos nas relações comunicativas dos diversos grupos sociais. Os estudos da distância são necessariamente associados aos do tempo (cronêmica), dado o caráter indissociável dessas categorias.

Assim explicado, podemos dizer que os não-verbais, representados pela distância entre os interlocutores e pelos gestos produzidos pelos parceiros da comunicação num tempo específico, permitem que se instaure a interação nos diversos momentos de sala de aula de ciências do ensino fundamental.

Notas

[1] *Corpus* com aulas de ciências da 6ª série do projeto de pesquisa intitulado "A importância dos elementos não-verbais e verbais no discurso de sala de aula do ensino fundamental", aprovado pelo PIBIC/CNPq.

Referências bibliográficas

ARGYLE, M. *Bodily communication*. London: Methuen, 1988.

COSNIER, J. & BROSSARD, D. Communication non verbal: co-texte ou contexte? *In*: COSNIER, J. & BROSSARD, A. (Orgs.). *Textes de base en Psychologie*: la communication non verbal. Paris: Delachaux et Niestlé, 1984.

EKMAN, P. & FRIESEN, W.V. The repertoire of nonverbal behavior: categories, origins, usage, and coding. *Semiótica*, 1, 49-98, 1969.

HALL, E.T. *A dimensão oculta*. trad. Sônia Coutinho. Rio de Janeiro: Francisco Alves, 1977.

KENDON, A. *Nonverbal communication, interaction and gesture*. The Hague: Mouton, 1981.

KNAPP, Mark L. & HALL, Judith A. *Comunicação não verbal na interação humana*. trad. Mary Amazonas Leite de Barros. São Paulo: JSN, 1999.

MARCUSCHI, Luiz Antônio. *Análise da conversação*. São Paulo: Ática, 1986.

RECTOR, Mônica & TRINTA, Aluízio Ramos. *Comunicação do corpo*. São Paulo: Ática, 1999.

STEINBERG, M. *Os elementos não-verbais da conversação*. São Paulo: Atual, 1988.

ESTRATÉGIAS PRAGMÁTICAS NÃO-VERBAIS NO PROCESSO DE VARIAÇÃO ESTILÍSTICA

Cibele Brandão

Aqueles que mantêm os olhos abertos são capazes de ler a realidade à sua volta.
E. T. Hall

Introdução

A comunicação não-verbal constitui importante pista de contextualização para a compreensão da variação estilística no processo interacional, pois a correta interpretação dos sinais não-verbais assegura o desvelamento dos significados pragmáticos que se estabelecem entre os interagentes quando estes promovem alternância de estilo na fala. O objetivo deste artigo é investigar estratégias não-verbais indicadoras dos estilos formal e informal no discurso acadêmico, bem como descrever e interpretar o significado pragmático de tais estratégias em eventos de reuniões de conselho acadêmico.

Sobre o estudo

No decorrer de um discurso, enfrentam-se situações que requerem decisões sobre como comunicar algo, isto é, em que estilo deve-se enquadrar a fala. A seleção de determinado estilo atende a uma combinação inter-relacionada de fatores verbais e não-verbais que comunicam importantes significados sociopragmáticos. Neste artigo, tais significados serão investigados, assim como as estratégias não-verbais utilizadas pelos falantes para distinguir o estilo formal do informal no interior do discurso.

Propõem-se como categorias de análise, primordialmente, os atos pragmáticos cinésicos, entendidos aqui como os movimentos do corpo (olhares, gestos, sorrisos, postura, movimentos dos membros, cabeça) que indicam características ou estados dos interagentes e que servem para comunicar idéias, intenções ou sentimentos e, secundariamente, a proxêmica, em virtude de o contexto da pesquisa inibir a mobilização dos participantes no ambiente comunicacional.

O termo proxêmica foi cunhado por Edward Hall, professor de antropologia da Universidade de Northwestern, para indicar o estudo da utilização e da percepção do espaço social e pessoal (proximidade nos relacionamentos) e suas implicações no discurso (cf. Davis, 1979:91 e Hall e Knapp,1999:25-6). Dentro deste enfoque (id. ibid:25-6), há um trabalho denominado ecologia de pequenos grupos, que se interessa pelo modo como as pessoas usam a distância espacial e reagem a ela em relacionamentos que envolvem grupos formais e informais.

Os dados para este estudo foram extraídos de transcrições de um vídeo gravado em reunião de conselho acadêmico do curso de Direito de uma universidade pública, em Brasília, 1996. Os extratos selecionados focalizam a interação do professor que preside a reunião com os outros membros do conselho, constituído de professores.

Nas reuniões da Faculdade de Direito, onde foi realizada esta pesquisa, tudo concorre para o estabelecimento de um ambiente formal: a disposiçao dos participantes na sala, distribuídos ao redor do presidente, os trajes dos participantes, o acesso à palavra e, principalmente, a linguagem utilizada, polida e cerimoniosa.

Os trechos analisados revelam momentos em que foram verificadas alternâncias de estilo na fala do presidente da reunião, detentor majoritário do turno no contexto pesquisado. A ocorrência de variação de estilo foi o critério adotado para escolha dos fragmentos examinados.

A caracterização da formalidade e da informalidade obedeceu a critérios de ordem lingüística e não-lingüística para precisar melhor a delimitação de tais estilos. Assim, foram adotados os seguintes parâmetros para distinção entre os estilos formal e informal:

i) lingüísticos:

a) lexical – Para o informal: emprego de gírias, expressões coloquiais e palavras de sentido genérico, como "coisa", "negócio" etc. Para o formal: uso de itens lexicais próprios da cultura de letramento.

b) fonológico – Para o informal: uso de abreviações, de formas contraídas, supressão de fonemas e apagamento de marcas de concordância. Para o formal: pronúncia bem articulada de palavras, restrições no uso de elipses.

c) sintático – Para o informal: emprego de estruturas sintáticas simples, truncamento das orações, ou seja, uso de anacolutos, orações invertidas. Para o formal: preferência pela ordem direta das frases.

ii) não-lingüísticos:

Controle nas tomadas de turno, velocidade da fala e entonação, expressões faciais e gesticulações, proxêmica, repetições, forma de tratamento entre os interagentes. Foram consideradas ainda as propriedades da situação social na qual o código é usado, tais como: grau de intimidade admitido na situação, invocação da identidade (posicional ou pública).

Análise e discussão

O exemplo a seguir ilustra momento particular de variação de estilo na interação que ocorre em contexto formal de linguagem.

Neste extrato, o presidente da reunião anuncia os procedimentos que os professores deverão seguir até um certo prazo para acatar determinações administrativas oficiais.

1 (...) então o fato concreto é que a determinação/é que até o dia catorze de outubro/
2 de novembro uma série de medidas serão tomadas: declaração de opção. Quem
3 ocupa dois cargos tem que dizer os dois cargos que ocupa. Esse aqui de professor,
4 o outro de não sei onde, quem é aposentado, né? se é tempo integral, se é tempo
5 parcial, se é turista (risos). Uma série de coisas.

CONTEXTO FORMAL CONTEXTO INFORMAL

A variação estilística ocorre a partir da linha 5 quando o presidente muda o registro informativo "anúncio das determinações que os professores deverão acatar" até o segmento "se é tempo parcial"(linhas 4/5), para um registro de natureza lúdica "se é turista" (linha 5).

O item lexical "turista" não pertence ao campo semântico dos demais que o antecedem. A escolha lexical inusitada tem a função de promover um efeito humorístico no discurso do falante. Trata-se de metáfora utilizada para criar envolvimento e referir-se àqueles que não estão cumprindo o devido regime de trabalho do cargo que ocupam.

A escolha do item "turista" constitui uma pista de contextualização que sinaliza mudança de enquadramento no contexto em análise, pois o falante passa de um contexto informativo para um contexto de brincadeira, o que faz com que o locutor assuma postura distinta em relação à que vinha adotando até então.

Quando o falante muda de estilo, seu corpo adota nova postura acompanhando a mudança ocorrida no discurso. Os atos cinésicos, neste contexto, que assinalam a passagem de um estilo a outro consistem de: (i) relaxamento da postura corporal. O presidente se recosta na cadeira, apoiando os cotovelos nos braços desta e mantendo as mãos em descanso sobre a mesa; (ii) sorriso e olhar. O falante olha para a câmera e sorri. Em seguida, gira a cabeça em direção oposta e, sem manter contato visual com nenhum dos presentes, continua a sorrir. Tal postura indica o aliviamento da tensão mantida durante os momentos de monitoração de linguagem, ocorridos no contexto formal, podendo ser interpretada como um instante íntimo de deleite; (iii) arqueamento das sobrancelhas. Percebe-se alteração na fisionomia do falante ao promover a variação de estilo. As sobrancelhas se arqueiam como se estas acompanhassem o sorriso.

Quanto aos atos proxêmicos observados durante a adoção do estilo informal, verificou-se o afastamento do corpo do presidente em relação à mesa. A mudança de proximidade, além de assinalar a passagem do estilo formal para o informal, cumpre também a função de marcar o final do tópico em discussão.

A ocorrência de risos (linha 5) é um sinal de captação, pela audiência, do significado pragmático que se estabelece entre os interagentes quando o presidente adota o estilo informal.

Durante a interação formal, o presidente manifesta-se com a fisionomia grave, séria. Há abundante gesticulação, ora as mãos se elevam como em um discurso, ora realizam movimentos circulares para acompanhar a explanação.Como observam Hall e Knapp (1999:209), quando os locutores estão preocupados com a compreensão de sua mensagem por seus ouvintes, tendem a usar mais gestos ligados à fala. Os referidos autores (ibid) observam também que normalmente os falantes que tentam dominar a conversação gesticulam mais.

O dedo indicador é bastante utilizado durante o contexto de formalidade, apontando ou em direção à mesa, como ocorre quando indica o prazo para que determinado procedimento seja adotado (linhas 1 e 2), ou em direção à platéia, como foi verificado durante o trecho registrado na linha 3. Nesse instante, o falante aproxima o corpo da mesa, apoiando os braços sobre ela, como se procurasse ficar mais próximo dos interagentes.

No exemplo 2, o presidente anuncia a liberação de negociações entre professores e alunos para reposição de aulas, seguido de defesa quanto ao fato de não interferir em tal processo.

1 Está aberto/ fica aberto entre professor e turma/
2 (um participante sinaliza da platéia com um gesto de negação, balançando a cabeça)
3 non/ vejam bem, isto não é uma atitude de fechar os olhos da diretoria. De forma
4 nenhuma. Esta diretoria tem os olhos TRE-MEN-DA-MENTE abertos, inclusive
5 até tenho insônia. (risos)

Na linha 1, o procedimento de autocorreção do locutor, ao interromper uma expressão, considerada por ele inadequada, e substituí-la por outra mais precisa, traduz o grau de atenção do falante em relação à sua fala, o que caracteriza a existência de monitoramento de linguagem naquele momento da interação.

O principal ato cinésico observado para acompanhar o processo de correção é o da gesticulação com as mãos espalmadas e separadas batendo na mesa. Neste trecho, fala e corpo desempenham atos sincronizados, como postula Kendon (1994), para integrar a informação verbal com a visual, visando dar ênfase ao discurso.

A seguir, há uma inserção no discurso do falante, que interrompe seu turno para responder a um sinal advindo de um dos participantes da reunião. Ao fazer um movimento de negação com a cabeça (linha 2), o interlocutor emite uma pista de contextualização para que o presidente possa fazer a seguinte inferência comunicativa: o ouvinte discorda de sua posição, manifestando, com o gesto realizado, um claro ato de ameaça à imagem do presidente. A estratégia utilizada por este último para resguardar sua auto-imagem consiste em apresentar, por meio do humor, uma defesa de sua atitude para a audiência.

O termo "tremendamente" (linha 4) é um intensificador não comum no discurso formal, uma vez que, nessa modalidade, a escolha de itens lexicais atende a uma necessidade de precisar a linguagem e de neutralizar as manifestações de envolvimento emocional do falante. Ao fazer uso do item "tremendamente", o locutor prepara sua audiência para a mudança de enquadramento que ocorrerá em seguida, isto é, a passagem de situação de defesa para a de humor (linha 5). A escolha do referido item, pronunciado vagarosamente, tem ainda a função discursiva de imprimir ênfase ao papel fiscalizador da diretoria nas atividades acadêmicas realizadas naquela faculdade.

Observe-se que, naquele instante da interação, o falante arregala os olhos fixando intensamente a platéia. Isto traduz sua intenção comunicativa, que é convencer a audiência de que aquela diretoria está sempre vigilante no acompanhamento das ações desempenhadas na faculdade pesquisada.

O operador argumentativo "inclusive" (linha 4) introduz a mudança de enquadramento no extrato em análise, fortalecendo a argumentação do falante para a defesa da imagem ameaçada.

A escolha do item "insônia" é bastante significativa para demonstrar a passagem do estilo formal para o informal, quando o falante usa a 3ª pessoa do singular para referir-se a sua identidade posicional de diretor (linha 4), invocada em situações de formalidade, passando a assumir, no contexto informal, uma identidade pessoal, marcada na forma verbal em primeira pessoa do singular "tenho" (linha 5), quando faz referência a uma característica de natureza particular: o fato de ter insônia.

Aqui se registrou a ocorrência de ligeiro sorriso, sem abertura da boca, índice revelador do estilo informal que passou a adotar. O sorriso assinala envolvimento do falante em relação ao tópico e aos ouvintes e, além disso, sinaliza o novo enquadramento proposto no contexto da interação. As mãos em repouso e o olhar não focalizado constituem atos cinésicos que sinalizam o final do turno do falante.

A ocorrência de sorrisos na platéia (linha 5) funciona como pista de contextualização para que o locutor possa inferir o alinhamento da sua audiência com o enquadramento de brincadeira inserido em seu discurso. A atitude da platéia constitui, assim, uma dica explícita de como ela estava processando a informação. Trata-se, como assinala Brunner (*apud* Hall, 1999:263), de "canais de retorno" na conversação que indicam atenção e envolvimento dos ouvintes.

Conclusões

1. Os sinais não-verbais são importantes indicadores de intenções, emoções e identidades e desempenham papel fundamental ao produzir impressões sociais e influir no comportamento das pessoas.

2. Os estudos da comunicação não-verbal em encontros face a face não podem prescindir da fala dos interagentes, pois comunicação verbal e não-verbal funcionam integradamente no processo interacional, veiculando significados conjuntamente.

3. As análises realizadas apontaram como estratégias não-verbais (i) indicadoras do estilo formal: cinésica – fisionomia grave, séria, abundante gesticulação, uso do indicador, apontando em direção à mesa ou

à platéia; proxêmica – aproximação do corpo em direção à mesa; (ii) indicadoras do estilo informal: cinésica – relaxamento da postura corporal, mãos em descanso sobre a mesa, sorriso, arqueamento das sobrancelhas, olhar não focalizado; proxêmica – afastamento do corpo em relação à mesa com recostamento na cadeira.

4. Como ato cinésico mais significativo para reconhecimento do estilo informal no contexto em análise, destacou-se o sorriso, presente nos dois exemplos analisados e, nas duas situações, compartilhado pelos interagentes. A interação da audiência com o falante, por meio de sorrisos, funcionou pragmaticamente como pista reveladora do processamento da coerência do discurso do locutor por parte dos ouvintes.

5. No contexto formal, a gesticulação com as mãos espalmadas e separadas batendo à mesa, ou com as mãos em elevação e abaixamento contínuos e, ainda, realizando movimentos circulares, são estratégias muito recorrentes durante o processo de monitoração de linguagem, sendo utilizadas para ilustrar ou enfatizar o pensamento do falante.Por esta razão, elegeu-se o ato da gesticulação como o mais relevante para identificação do contexto formal.

6. Os atos proxêmicos analisados funcionaram como formas de administrar a interação: relaxamento corporal em situações informais de alívio de tensões e inclinação do corpo em direção à mesa no contexto formal para manter a atenção.

7. Cada estilo de fala é acompanhado de um esquema contrastante de movimento corporal, de maneira que, quando o falante passa de um estilo a outro, seu corpo e seus gestos se movimentam.

8. Não se deve esquecer de que a transcrição de uma conversa, ainda que em estudos de comunicação não-verbal, não traduz fielmente o que se passa no contexto da interação, mesmo quando se procura utilizar tecnologia mais sofisticada, como a gravação em vídeo. Contudo, os estudos sistemáticos de comunicação não-verbal, tais como a cinésica e a proxêmica, podem lançar luzes sobre a compreensão do que está acontecendo ao nosso redor.

Referências bibliográficas

DAVIS, Flora *Comunicação não-verbal*. trad. Antonio Dimas. São Paulo: Summus, 1979. [*What we know about nonverbal communication*]

KENDON, A. Research on language and social interaction. *Special issue: gesture and understanding in social interaction*, 27(3), New Jersey, Lawrence Erlbaum Associates, 1994.

KNAPP, Mark L. & HALL, Judith A. *Comunicação não-verbal na interação humana*. trad. Mary Amazonas L. de Barros. São Paulo: JSN, 1999. [*Non verbal communication in human interaction*]

GILL, Santinder P. The engagement space and parallel coordinated movement: case of a conceptual drawing task. *Journal of Pragmatics*, May, 2002.

WEIL, Pierre & TOMPAKOW, Roland. *O corpo fala*: a linguagem silenciosa da comunicação. 52.ed. Petrópolis: Vozes, 2001.

OLIVEIRA, Cibele Brandão de. *Do discurso formal para o informal*: um estudo de variação estilística no meio acadêmico. Universidade de Brasília, 1997. Dissertação de Mestrado.

MAGALHÃES, M. Izabel S. Comunicação não-verbal. *In*: *Ciência e cultura* (Revista da Sociedade Brasileira para o Progresso da Ciência), 42 (3/4):248-51, mar./abr., 1990.

COLABORADORES

Carmem Cecília Camatari Galvão
Professora da Faculdade Jesus, Maria e José – Taguatinga (DF)
Mestrado em Lingüística pela Universidade de Brasília - UnB

Cibele Brandão
Professora do Departamento de Lingüística, Línguas Clássicas e Vernácula da Universidade de Brasília - UnB
Doutoranda do Programa de Pós-Graduação em Lingüística da UnB

Denize Elena Garcia da Silva
Professora do Departamento de Lingüística, Línguas Clássicas e Vernácula da Universidade de Brasília - UnB
Doutorado em Lingüística Hispânica pela Universidad Nacional Autónoma de México - UNAM

Dina Maria Martins Ferreira
Professora da Faculdade de Filosofia, Letras e Educação da Universidade Presbiteriana Mackenzie (SP)
Doutorado pela Universidade Federal do Rio de Janeiro - UFRJ

Eline Alcântara dos Santos
Professora do Departamento de Ciências Humanas da Universidade do Estado da Bahia - UNEB
Mestrado em Lingüística pela Universidade de Brasília - UnB

Gláucia Muniz Proença Lara
Professora do Departamento de Letras da Universidade Federal de Mato Grosso do Sul – UFMS
Doutorado em Semiótica e Lingüística Geral pela Universidade de São Paulo - USP

Heloisa Marques Miguel
Mestranda do Programa de Pós-Graduação em Letras da Universidade Federal de Goiânia – UFG

Ivone Tavares de Lucena
Professora do Departamento de Letras Clássicas e Vernáculas da Universidade Federal da Paraíba - UFPB
Doutorado em Lingüística e Língua Portuguesa

Izabella dos Santos Martins Mendes
Mestranda do Programa de Pós-Graduação em Estudos Lingüísticos da Universidade Federal de Minas Gerais – UFMG

Jacob L. Mey
Professor Emérito da Universidade do Sul da Dinamarca, Odense
Doutorado em Filosofia pela Universidade de Zaragoza, Espanha

Janaína Minelli de Oliveira
Doutoranda do Programa de Pós-Graduação em Estudos Lingüísticos da Universidade Federal de Minas Gerais - UFMG

Lilian Márcia Simões Zamboni
Consultora Legislativa do Senado Federal – Brasília (DF)
Doutorado em Lingüística pela UNICAMP

Luiz Antônio Marcuschi
Professor do Departamento de Letras da Universidade Federal de Pernambuco – UFPE
Doutorado em Filosofia da Linguagem pela Universidade de Erlangen-Nürenberg, Alemanha

Maria Carmen Aires Gomes
Professora do Departamento de Letras e Artes da Universidade Federal de Viçosa - UFV
Doutoranda do Programa de Pós-Graduação em Estudos Lingüísticos da Universidade Federal de Minas Gerais - UFMG

Maria Francisca de Oliveira Santos
Professora do Departamento de Letras da Universidade Federal de Alagoas – UFAL
Doutorado em Letras pela Universidade Federal de Pernambuco – UFPE

Duplígráfica Editora
SIG/Sul Qd. 08 nº 2396 - Brasília/DF
Fone: (61) 3344-1918 - Fax: (61) 3344-1924
e-mail: dupligrafica@terra.com.br